Michel Foucault
la littérature comme transformation de soi

ミシェル・フーコー

自己変容としての文学

Shibata Hideki
柴田秀樹

青土社

ミシェル・フーコー 自己変容としての文学

目次

ミシェル・フーコー　自己変容としての文学

凡例

一、フーコーのテクストからの引用の翻訳は、既訳を参照しつつ筆者が行った。またテクストの表題は既訳を基本的に踏襲しているが、フランス語原文の含意を生かすために一部変更を加えたものがある。

一、引用したテクストに対しては、原著のタイトルと頁数を記している。なお日本語訳があるものには、邦語文献の表題と頁数を〔　〕内に示す。

一、引用文中、〔　〕内は引用者による補足である。また引用文の一部を省略する場合は、〔…〕と記す。

一、フーコーのテクストのうち、複数回引用されるものについては、以下の略号によって出典を示す。

AS : *L'Archéologie du savoir*, Gallimard, 1969.

DEI : *Dits et écrits, 1954-1988*, tome 1, Gallimard, 2001.

DEII : *Dits et écrits, 1954-1988*, tome 2, Gallimard, 2001.

FLL : *Folie, langage, littérature*, Vrin, 2019.

GE : *La Grande étrangère : à propos de littérature*, EHESS, 2013.

MC : *Les Mots et les choses*, Gallimard, 1966.

RR : *Raymond Roussel*, Gallimard, 1963.

SP : *Surveiller et punir : naissance de la prison*, Gallimard, 1975.

VS : *La Volonté de savoir*, Gallimard, 1976.

序論

一九八〇年、ミシェル・フーコーは『ル・モンド』紙上で、「覆面の哲学者（le philosophe masqué）」と題された匿名の対談を行った。(1)「覆面の哲学者」というこの呼称ほど、フーコーという存在がもつある種の「捉えどころのなさ」を端的に表したものはないだろう。彼はある時は狂人たちの「大いなる閉じ込め（grand enfermement）」を語り、またある時は古代ギリシア・ローマの性関係について書いた。一方では異形の作家レーモン・ルーセルに情熱的なモノグラフィーを捧げるかと思えば、他方では監獄制度の分析を通じて近代社会に遍在する「権力」の存在を描き出してみせた。このように多岐にわたる領域で思考し、著述し、発言した人物を、単一のイメージのもとに捉えることは困難を極める。あたかも覆面を次々と取り換えるかのごとく、彼はその生涯を通じて思考の対象を移動させ、それに応じて絶えることなく自己を変容させ続けたのである。

それゆえ、フーコーの作品に接し、その思想の全体像を把握したいと欲する読者はみな、次のような疑問を抱かざるをえまい。カントについて、ヘーゲルについて、ニーチェについて論じた彼は、たとえ「覆面」を纏っているにせよ、とどのつまりは「哲学者」なのだろうか？　それとも、『狂気の歴史』『言葉と物』『監獄の誕生』『性の歴史』といった主著がすべて歴史を扱ったものであるからには、彼を「歴史家」と呼ぶべきなのだろうか？　あるいは、「権力」についての見方を刷新し、「規律‐訓練（discipline）」や「統治性（gouvernementalité）」、「生‐政治（biopolitique）」などの概念を矢継ぎ早に創造した「政治理論家」とでも称すべきなのだろうか？　結局のところ、フーコーとは何者なのか？

一九六七年に行われたインタビューの表題、「フーコー教授、あなたは何者ですか？（Qui êtes-vous, professeur Foucault ?）」は、こうした疑問を端的に代弁したものであるといえよう。表題に違わず、このインタビューにおいては、フーコーの研究がいかなる学問分野に属しているのか、それは「哲学」なのか、あるいは人間諸科学の発展に寄与しうる「批判」なのか、という問いが投げかけられている。フーコーは次のように応答する。曰く、自身の研究を哲学や人間諸科学に分類するのは難しい。それはむしろ、我々の「言説」についての「民族学」である。しかし、ニーチェ以来哲学の任務が現在を「診断」することにあるのだとすれば、私は「哲学者」であるともいえる。そしてまた、自身の仕事は「歴史」でもある。(2)

いかにも歯切れの悪い、対話者と読者を煙に巻くかのような返答である。「哲学者」であり、同時に「哲学者」ではない、というのだから。ここにはフーコーが「哲学」なるものに生涯抱き続けた距離感をまず見て取ることができるが、しかしそれ以上に、フーコー自身その作品の「捉えどころのなさ」を十分に理解していた証が刻み込まれている。フーコーの作品、それは「哲学」のごとき単一の領域に帰属することを拒み、「哲学」「民族学」「歴史」といった諸分野を横断し、それらの分割を攪乱しつつもその間に位置するもの、「哲学」と「哲学ではないもの」の境界に座を占めるものなのである。

しかし、このような返答は、「何者なのか?」という問い、帰属をめぐる問いを満足させることはあるまい。事実、「何者なのか?」という問いは、前述のインタビューに留まらず、幾度となく生前のフーコーに向けられてきた。そしてその度に、フーコーは帰属を拒む身振りを繰り返した。とりわけ、「哲学者」としてフーコーを遇する相手に対して、フーコーは次のように素気《すげ》なく答えていた――「私は哲学者ではありません」。

こうした身振りは、対談やインタビューに限定されるものではない。六〇年代の掉尾を飾る作品である『知の考古学』の序文に書き付けられた一節は、その好例といえるだろう。ここでフーコーは、彼の思想的立場の一貫性のなさを批判する架空の対話者に応答する形で、次のように述べている。

おそらくは私と同様に、もはや顔を持たないために書いている者が一人ならずいます。私が誰であるかなど訊かないでください。私に同じままでいるよう言わないでください。それは戸籍の道徳であり、私たちの戸籍証明書を規制する道徳なのです。書くことが問題となっているときには、そのような道徳は私たちを構わずにいてほしいものです。(3)

ここで「顔」と呼ばれているものとは、「戸籍」に記載される身分証明であり、アイデンティティであり、本質規定であるものを指している。「覆面の哲学者」という形象に事寄せるならば、それはいわば「覆面」に対する「素顔」に相当するだろう。「何者なのか?」という問いは、この「素顔」は何かという問い、「哲学者」「歴史家」「政治理論家」などといった「覆面」の下には、いかなる「素顔」が隠れているのかを明かせという要求に他ならない。そして「素顔」が「覆面」とは異なり付け替えることが不可能なものである以上、そうした要求は必然的に問いを差し向けられた者を単一の顔貌のもとに固定することを強いることになる。フーコーはこのような問いをすべて拒否する――「私が誰であるかなど訊かないでください。私に同じままでいるよう言わないでください」。フーコーにとって、作品を「書く」という行為は、こうした問いから自らを解き放ち、あらゆる「素顔」への帰属を逃れるためのものであり、自己を固定させることなく変容させ続ける営みだったのである。冒頭で言及した対談「覆面の哲学者」が「匿名」で行われたものであったのは、こうしたフーコーの姿勢に由来している。

本書は、フーコーの「研究」を目指すものである。しかしこうした人物を「研究」の対象とすることは、根本的に矛盾を孕んだ試みとなるだろう。仮に研究という営為が物事の本質を明らかにすることを指すとすれば、フーコーという「覆面の哲学者」の本質、すなわち「素顔」を「研究」によって明らかにしようとすることは、果たして正当なのだろうか？　それは「研究」という美名のもと、フーコーという執拗に「素顔」への帰属を拒み続けた存在に、「戸籍の道徳」を強要する行為に他ならないのではないか？　このような疑問は、その名も『フーコー研究』(4)と題した共同研究の成果が出版されるほどにフーコーが研究の対象として定着した今日においては、奇妙でいささかナイーブなものに響くかもしれない。

しかしこの論集の特徴は、まさに多数にのぼる執筆者による「共同研究」であることによって、フーコーの単一的なイメージを提出することを回避しているという点にある。実際、哲学・文学・政治学・経済学・精神分析といった各領域の専門家により織りなされた本著は、それらの諸領域のいずれにも留まることのない、フーコーの多面性を描き出す万華鏡のような様相を呈している。『フーコー研究』出版を記念するシンポジウムの記録文献において、重田園江は本論集が「全体としてどのようなフーコー像を示そうとしているのかについては、必ずしも明確ではありません(5)」と指摘しているが、それは欠陥どころか美点であるといえよう。『フーコー研究』は「研究」を銘打った著作でありながらも、フーコーに「何者なのか？」という不躾な問いを差し向けてはいないのである。

無論、『フーコー研究』のみならず、フーコーについては今日まで無数の「研究」が上梓されている。その中でも定評のあるものとしては、ベアトリス・アンの著作『ミシェル・フーコーの挫折した存在論(6)──歴史的なものと超越論的なものの間で』が一例として挙げられるだろう。この著作でアンはフーコーを「哲学者」として、厳密かつ批判的に読み解き、その「歴史的存在論(ontologie historique)」の問題点を指摘している。「哲学」の研究者として、アンが卓越していることは疑いを容れない。しかし、こと対象がフーコーである場合、彼を「哲学者」としてのみ扱い、「哲学者」としての一貫性や妥当性を云々するアンの姿勢は、果たして「戸籍の道徳」を免れているといえるのだろうか? この著作でなされている主張は、フーコーとは「何者なのか?」という問いに対する答えに変換するならば、次のように要約することができるだろう──「フーコー、それは哲学者である。ただし挫折した=成りそこなった(manqué)哲学者ではあるが」。だが、「挫折した」のはフーコーなのか、それともフーコー「研究」を称するこの著作なのか?

アンはこの著作で、「哲学者」としてのフーコーの「素顔」に対して一心に眼差しを注いでいる。しかしフーコーが「覆面の哲学者」である以上、「哲学者」がフーコーの「素顔」である保証など、どこに存在するというのか。そしてさらに問題であるのは、アンが「哲学者」こそフーコーの素顔であると信じ込むがゆえに、彼の覆面のひとつをほとんど完全なまでに見落としていることである。すなわち、「文学」である。文学に熱狂し、文学を論じるフーコー、いうなれば「文学批評家」としてのフーコーである。

一九六〇年代、フーコーは文学に関する膨大なテクストを発表した。『クリティック』や『テル・ケル』といった文芸雑誌に掲載されたそれらのテクストでは、ルソー、サドから、バタイユ、クロソウスキー、ブランショ、ボルヘス、ロブ゠グリエやソレルスといったフーコーの同時代人に至るまで、時代も流派も文体も異にする多種多様な作家が議論の対象とされている。こうした個別の作家論以外にも、『狂気の歴史』や『言葉と物』といった六〇年代を代表する著作において、文学には特異なステータスが与えられ、主要なトポスのひとつとして扱われている。なかでもレーモン・ルーセルという異形の作家はフーコーの愛するところであり、濃密なモノグラフィーを捧げるほどであった。

しかし、こうした熱狂の時期を経たのち、六〇年代後半に彼は次第に「文学」を論じることを控えるようになってゆく。一九七〇年に日本で行われた清水徹・渡辺守章との鼎談「狂気・文学・社会」はひとつの分水嶺をなしており、そのなかでフーコーは率直に「文学」への失望と関心の喪失を打ち明け、「文学の外に出なければならない」と明言するに至る。そして六〇年代以降その死の年である一九八四年に至るまで、「文学」という主題は目立たないものとなってしまうのである。

このように、「文学批評家」としてのフーコーは、彼が身に纏った多数にのぼる「覆面」のなかでも、六〇年代に集中している点で特異なものであるといえる。だが、事態はさらに複雑なものとなる。七〇年代以降、フーコーは文学を完全に見放したわけではない。文学作品、あるいは文学者への言及は、フーコーのテクストのなかに間歇的な形で出現し続けるのである。しかも、かつてとは異なる姿のもとに。

「文学」が晩年のフーコーにおいて残存していた証拠のひとつとして、一九八〇年代のフーコーが頻繁に言及することになる、「経験としてのフィクション」という議論を挙げることができよう。そこにおいてフーコーは自らの著作を「歴史」でも「小説」でもない「フィクション」であるとし、読者を変容させ、「これまでとは別様に」物事を見るようにさせる「経験」をもたらす機能を「フィクション」は帯びているとする。そして、哲学と文学とは、「フィクション」としての性格を共有したものとして論じられることになるのである。死によって生涯が断ち切られるその直前のフーコーは、「フィクション」という観点からの文学への接近を垣間見せていたのではないだろうか?

それを示唆するひとつの事実がある。最晩年のフーコーは、ルーセルやブランショ、バタイユなどの作家について、六〇年代末以降の沈黙を破って再び語るようになるのである。そしてそれは、フーコーにおいて晩年まで「文学」が残存していたことの証拠であるのみではない。彼は「フィクション」についての議論の延長線上で、「自己変容」をもたらすものとしての文学という視座のもとに、ルーセルらを語っている。こうした「文学」の定義は六〇年代においては見られないものであり、フーコー自身の思考の変容とともに、「文学」という対象もまた変容していることを、敬愛する作家たちへの彼の発言は証明しているのである。

これはほんの一例にすぎない。七〇年代以降のフーコーのテクストのなかには、「フィクション」の問題のほかにも、「演劇」という六〇年代のフーコーにとっては批判の対象であった文学ジャンルについての言及が増え、また「制度としての文学」には属さないものの、文学の近傍にあるものとしてフーコーが位置づけるようなテクストに関心が向けられるようになるといったように、六〇年代とは異なる視座から文学なるものにアプローチする姿勢を看取することができる。そして異なるアプローチは、六〇年代とは異なる対象としての「文学」を出現させることになる。そうした差異を孕みながらも、フーコーは「文学」を語ることを完全に止めることはなかった。「文学批評家」という覆面は、その顔貌を変えながらも、晩年に至るまで折を見てはフーコーの顔を飾っていたのである。

しかしアンの眼差しにとって、あたかもこうした諸事実は存在していないかのようだ。その著作でフーコーの文学をめぐるテクストは不自然なほどに黙殺されている。わずかに『レーモン・ルーセル』が、『言葉と物』との関連という文脈において、ごく断片的に引用されるに留まる。(7) フーコーが「私の隠れ家」、ルーセルに対する「愛の物語」とまで呼び、自らの全作品のなかで唯一無二のものとみなしていたテクストに対して、あまりに酷薄な仕打ちではないか。

アンにとって、『レーモン・ルーセル』がそこに含まれるようなフーコーの「文学」論は、その哲学的なテクストに対する補遺にすぎず、二次的なものにすぎない。「文学批評家」としてのフーコーなど、「哲学者」としてのフーコーに比べれば、無視して構わない程度の存在にすぎないのだ。しかし前述のとおり、まぎれもなく「文学批評家」がフーコーの「覆面」のひとつであったのだとすれば、アンが論じるフーコー、「哲学者」としての「素顔」にのみ還元されたフーコーは、果たしてフーコーなのだろうか？　その覆面を剝ぎ取られ、かくも偏頗な姿となったフーコーは、もはやフーコーではあるまい。そしてフーコーではないなにかを論じたフーコー「研究」は、「成りそこなった（manqué）」研究であると言わざるをえないだろう。

フーコーの文学論を黙殺すること、それはアンの著作に限られた挙措ではない。フーコーの生前に出版された、ポール・ラビノウとヒューバート・ドレイファスの古典的研究『ミシェル・フーコー──構造主義と解釈学を超えて』(8)このかた、フーコーについての「哲学的」研究はいずれも、「文学批評家」としてのフーコーの周辺化あるいは排除のうえに成立してきたのである。(9)

本書の目的、それはアンの著作が代表するような「哲学的」なフーコー研究において沈黙を余儀なくされている、「文学批評家」としてのフーコーに光を当てることにある。もとより、あらゆる「研究」がひとつの視点から対象を照射する営みである以上、本書がアンの研究に向けたような「一面的」であるとの誹りは、翻って本書にも適用されざるをえまい。しかし留意すべきは、「文学批評家」もまた「覆面」のひとつにすぎない以上、本書は「文学批評家」としてのフーコーこそが彼の「素顔」あるいは「本質」なのであると主張するのではない、ということである。「素顔」ではなく「覆面」を「研究」すること、その「覆面」はいかなる顔貌をしていたのか、フーコーの思想が変遷するにつれて、その顔貌はどのように変容していったのかを問うこと、絶えず変容するその過程のなかにこそ、フーコー固有のあり方──すなわち「本質」を見出そうとすること、本書が目指すのは、そうしたフーコー「研究」である。

そして前述のとおり、フーコー自身の変容は、その思考の対象である「文学」の変容を伴っていた。その変容は、最晩年において、「自己変容」としての文学という形で結実することになる。「文学批評家」としてのフーコーの変容過程を問うことは、必然的に彼が批評する「文学」の変容過程を問う営みを意味するだろう。そして、フーコーが通例の定義とは異なるものを「文学」のうちに見出すに至った以上、本書は最終的に今日においてフーコーの「文学論」を読むことはいかなる意義を帯びているのか、という問題に取り組むことになるだろう。

もちろん、「文学批評家」としてのフーコーは、従来の研究のなかで完全に看過されてきたわけではない。ジュディット・ルヴェル、ジャン゠フランソワ・ファヴロー、武田宙也らの一連の研究は、いずれもフーコーの文学論に着目している。ルヴェルの書『ミシェル・フーコー、不連続性の思想』はその表題のとおりフーコーの思想を「不連続性」の観点から読み解き、「線的ではない一貫性（une cohérence non linéaire）」を見出そうとするものであり、本研究はルヴェルの姿勢を先例とするものである。[10] またファヴローは大著『エクリチュールの眩暈――ミシェル・フーコーと文学（1954-1970）』において、フーコーの文学に関するテクストを網羅的に取り上げ、その内的な関連を縦横無尽に論じており、本研究はこの著作にも多くを学んでいる。[11] 武田宙也は、[12] フーコーが文学論で展開した「外」のような概念が、いかに「生存の美学」や「パレーシア」に代表される晩年の議論に至るまで変容しながらも持続しているかという視点に立ち、フーコーにおける「外の美学」を見出そうと試みており、やはり本研究に多くの示唆を与えている。

加えてピエール・マシュレやフィリップ・サボの論考は、フーコーにおける「哲学」と「文学」との関係を問うている点で注目に値する。[13] とりわけマシュレは、「フーコーは文学について（sur）考察するというよりも、文学とともに（avec）作業したのだ」のだと指摘しており、本研究はこのマシュレの見解に強く賛同するものである。

本研究は、これらの先達に多くを負っている。しかし、瑕疵のない研究など存在しない。例えばルヴェルはフーコーの文学論を「不連続性の思想」の表れのひとつとして取り扱うが、主眼はあくまで「不連続性の思想」がどのように変貌しながらも一貫したものであったかに置かれており、議論は文学論に立ち止まることなく、それ以降の「政治」や「主体」を論じるフーコーの側にすぐさま移ってしまう。武田の著作においても、フーコーの文学論はあくまでその「芸術」全般についての議論の一角を占めるものとして参照されるに留まっている。いずれの研究においても、「不連続性の思想」あるいは「外の美学」という観点からフーコーの一貫性を体系的に描き出そうと努めるがあまり、結局のところ「文学」という問題はあくまでその体系の一部をなすものとして扱われているのである。

それに加えて、ルヴェルの研究は、あたかも「六〇年代末以降にフーコーは文学を放棄した」という命題を、疑問の余地のない前提であるかのようにみなしている点でも問題を抱えている。こうした前提は、多くのフーコー研究者に共有されているものである。フィリップ・アルティエール、ジャン＝フランソワ・ベール、マチュー・ポット＝ボンヌヴィルらは、ルヴェルとともにフーコーの死後残された文学に関わるテクストを編纂し、二〇一三年に『大いなる異邦のもの』の表題のもとに出版しているが、共同で署名されたその「解題」において、上述の前提に立脚したうえでフーコーが文学から離れていった理由を次の三点に要約している。[14]

――六〇年代末以降のフーコーにおいて、文学がそうであるような言説的実践が、非言説的な実践に比して特権的なものではなくなっていくため。

――七〇年代初頭以降、フーコーはＧＩＰ（監獄情報グループ）のような政治的経験に関心を向けるようになる。そこでは「意思」「投企」「集団的次元への移行」そして「横断的主体化」が問題となるが、こうしたものは文学についての六〇年代フーコーの発想からは導くことができないため。

――六〇年代フーコーが文学に仮託して語った「外」という形象が放棄されたため。

この指摘はいずれも説得的なものであり、本書はこれに異を唱えるものではない。しかし、ここではひとつの事実が盲点となっているように思われる。それは前述のとおり、フーコーが文学を論じたのは六〇年代に限られた話ではなく、七〇年代以降もフーコーは文学について別の形で語り続けている、という事実である。

彼らの研究は、決して「文学批評家」としてのフーコーを閑却するものではない。しかし、「フーコーは文学を放棄した」という前提を自明のものとするあまり、七〇年代以降のフーコーにおける文学の変容と残存を見落としてしまっているのである。

この点からすると、ファヴローの研究は対照的である。彼はフーコーの文学に関するテクストを、六〇年代に限らず晩年のものに至るまで細大漏らさず渉猟し、その内的論理と相互関係とを詳らかにすることに専心しているからである。「文学批評家」としてのフーコーにこれほどの強度でスポットライトを当てた研究は前代未聞であり、その意味において金字塔をなすものであることは疑いを容れない。しかし、彼の研究もまた完全無欠なものではない。最大限に網羅的なものであろうとしているこの著作は、その野望のあまりだろうか、フーコーの文学論に確かに存在している、いくつかの特異な点を見落としているからである。

例えば、フーコーの文学論においてマラルメという文学者が占めている重要性である。『言葉と物』やその他の文学論において、マラルメは近代文学の誕生と精髄を体現した存在として称揚されており、時としてニーチェと比肩するほどの地位が与えられるほどである。しかし、ファヴローはこの点については十分に注意を払っているとはいえない。これ以外にも、フーコーの全文学論のなかで、クロソウスキーを論じた「血を流す言葉」が「翻訳論」としての特異性を持っていること、またフーコーが偏愛した作家レーモン・ルーセルについてのモノグラフィー『レーモン・ルーセル』が「私の隠れ家」とフーコーによって呼称されていることの意味など、ファヴローが言及していない、しかし注目に値する事実は確かに存在しているのである。

このように、いずれも力作である先行研究は、それぞれの欠落を抱えている。それゆえ本書は、諸研究を導きの星としながらも、フーコー文学論に新たな側面を見出し、「文学批評家」としてのフーコーの変容と、フーコーにおける「文学」の変容という双方に脚光を当てることを目的としたい。

本書は、こうした観点から、六〇年代文学論と七〇年代以降における文学論の変貌という二部構成を採ることになる。第一部は「言語そのもののほうへ——六〇年代文学論」と題し、六〇年代フーコーが残した文学論を中心的に扱う。

第一章「書物、図書館、アルシーヴ——フーコー文学論の問題圏」では、以降の議論の前提として、六〇年代フーコーの文学をめぐる議論を概観し、それが六〇年代後半にかけて変貌していく様相を明らかにすることを目的とする。その方策として、第一章では「書物」と「図書館」というフーコー文学論に頻出する形象に注目し、これらが「アルシーヴ」という六〇年代後半に盛んに論じられることとなるいまひとつの形象によって置き換えられていく過程を辿ってゆく。

第二章「語るのは語それ自体である——鏡としてのマラルメ」では、六〇年代フーコーにおいてマラルメという文学者が占めていた重要性に注目する。マラルメは六〇年代フーコーにとって、その関心のありかを映し出す「鏡」のような存在であった。そのマラルメ像が六〇年代を通じていかに姿を変えていくか検討することによって、第一章で辿ったフーコーの変容過程をより具体的に明確化するのが、第二章の目的である。

こうして六〇年代フーコーの変遷を浮き彫りにしたうえで、続く第三章「模倣としての翻訳、侵犯としての翻訳――クロソウスキーの波紋」、および第四章「フーコーはいかにしてレーモン・ルーセルを読んだか」では、こうした変容過程とは外れた特異な立場にあるふたつのテクストを検討する。フーコーが唯一「翻訳論」を展開したテクスト「血を流す言葉」、そしてフーコーが「私の隠れ家」と呼び、他のいかなるテクストにも還元されない唯一無二の著作であると考えていた『レーモン・ルーセル』である。第三章および第四章では、これらの独自性はいかなる点に存しているのかを探求することが目的である。

第一部で六〇年代フーコーの文学論を通観し、あわせてその特異点としてマラルメ、クロソウスキー、ルーセルをめぐるフーコーのテクストを検討したのち、第二部「自己の変容、文学の変容――七〇年代以降の文学論」では、七〇年代以降のフーコーにおいて文学という対象が変容しながらも残存し続けたことを明らかにすることが目的となる。

六〇年代末から七〇年代初頭にかけて、フーコーは幾度となく文学への関心喪失を吐露することになる。第二部ではまず、フーコーのこうした発言とは裏腹に、七〇年代以降のフーコーのテクストのなかには、「制度としての文学」をそれたところにある「無名のディスクール」「日常的なパロール」が、あたかもマラルメやクロソウスキーらと入れ替わるように姿を現すことになるという事実を確認する。

そのうえで第五章「微粒子たちの軌跡――境界線上の「ヌーヴェル」」では、そうした「無名のディスクール」についてフーコーが論じたテクストのなかでも、七〇年代以降のフーコーにおける文学の問題を考えるうえで注目すべきものとして、一九七七年の「汚辱に塗れた人々の生」を取り上げる。そこでフーコーは「文学未満」のディスクール――「ヌーヴェル」とフーコーが呼ぶもの――がいかなる点で「文学」と異なるものであるかを、「権力と生」との関係という観点から解き明かしている。「汚辱に塗れた人々の生」は、「権力」という七〇年代フーコーの問題構成のなかで文学の意味合いがどのように変容したかを明らかにするテクストであり、また「制度としての文学」には属さないディスクールがなぜ七〇年代以降フーコーの関心を占めることになったのかを詳らかにするものでもある。第五章ではこの点に注目して議論を進めてゆく。

第六章「真理の劇場――フーコーと「演劇」」では、七〇年代以降のフーコーと「文学」との関係の変容を示すいまひとつの徴候として、「演劇」という文学ジャンルが七〇年代以降のフーコーのなかで次第に重要性を増していくことに注目する。六〇年代のフーコーは「演劇」に対して多くを論じることはなく、時として「演劇」は批判の対象とすらなっていた。ところが七〇年代以降、第五章で論じたとおり「権力と生」がフーコーの関心となっていくにつれて、「演劇」は権力関係の変容をもたらすものとして肯定的な価値を帯びたものとみなされるようになっていく。こうした議論の変遷を辿ることが、第六章の目的である。

第七章「文学と自己変容――「経験」としてのフィクション」では、さらに七〇年代以降のフーコーと文学との関係について考察を進めるうえでの指標として、「フィクション」についてのフーコーの議論に注目する。晩年のフーコーは、自分の著作は「フィクション」に他ならないと明言し、「フィクション」「生」「エクリチュール」「文学」を緊密に結び付いたものとして論じることになる。

それだけではなく、フーコーはこうした見取り図のもとに、ブランショ、バタイユ、クロソウスキー、ルーセルなど、文学への失望を吐露したのちは言及を控えるようになっていた作家に対して、「フィクション」をめぐる議論のなかで「自己変容」を引き起こすものとしての文学という観点から再び肯定的に語ることになる。こうした事実は、晩年のフーコーの文学への再接近を示すものと考えることができるだろう。第七章ではまず、こうした晩年の「フィクション」をめぐる議論を、六〇年代のそれと比較検討する。そのうえで、「自己変容」としての文学という形で、「文学」が晩年に至るまでフーコーの思想のなかに残存していたことを明らかにする。

第一部　言語そのもののほうへ――六〇年代文学論

序論で述べたとおり、一九六〇年代にフーコーが論じた作家は、ルソーからソレルスに至るまで多岐にわたっている。それぞれの文学作品と関連づけて論じられる主題もまた多様である。「死」、「侵犯」、「シミュラークル」、「言語の存在」、あるいは「図書館」や「書物」といった形象――ほんの一例として挙げるだけでも、フーコーが六〇年代に著したテクストは、これらの主題によって彩られている。

本書第一部は、こうした六〇年代フーコーの文学論を対象とするものである。しかし、ここで問題となるのは、『レーモン・ルーセル』を例外として、フーコーの文学論は『クリティック』などの批評誌に投稿されたものが大半であり、それゆえ分量としては短いテクストであるという事実である。こうした形式上の制限のため、六〇年代に公刊されたテクストのなかでは、上述の主題が総体としていかなる連関のもとにあるのかという点については、必ずしも明瞭とはなっていない。それは読者の解釈に委ねられた謎として残されるままに留まっているのである。ファヴローの浩瀚な研究は、この問題に正面から取り組んだ力業であると評価することができるだろう。

しかし、問題はこれだけではない。やはり序論で触れたとおり、フーコーは六〇年代末から七〇年代初頭にかけて、「文学」への失望と関心の喪失を公言することとなり、それに応じて上述の主題や作家たちはフーコーのテクストから姿を消してゆくことになる。それゆえ、六〇年代フーコーの文学論を論じること、それは同時にいかにしてフーコーは「文学」から離別していくことになったのかという問いを引き受ける試みとならざるをえないのである。

それゆえ第一章では、六〇年代フーコーの文学論において頻出する「書物」と「図書館」という形象に注目し、これらが「アルシーヴ」といういまひとつの形象によって置き換えられていく次第を検討する。これによって、彼の文学論を総体として捉え、主題間の連関を確認するとともに、六〇年代後半にかけて「文学」をめぐるフーコーの思考が変容し、それゆえ「文学」からの離別を宣言するに至った過程が明らかになるだろう。続く第二章では、フーコーの六〇年代文学論におけるマラルメ像の変貌に着目することによって、より具体的にフーコーの変容過程を浮き彫りにする。

しかし、フーコーの六〇年代文学論は、こうした分析のみによっては測りえない射程を持っている。第三章、第四章では、上記二章とは視点を変えて、こうした変容過程とは外れた特異な立場にあるふたつのテクストを検討する。クロソウスキー論であるとともに、文学作品の「翻訳」というフーコーにとっては珍しい対象を扱った「血を流す言葉」(第三章)、そしてフーコーが敬愛する文学者に捧げた唯一のモノグラフィーである『レーモン・ルーセル』(第四章)がそれである。これによって、同時代の「文学批評家」たちの議論には回収しがたい、フーコー文学論の独自性を指摘することとしたい。

第一章　書物、図書館、アルシーヴ――フーコー文学論の問題圏

はじめに

フーコーが一九六〇年代後半に「文学」への興味を失っていった理由について、研究者のあいだでは様々な見解が存在する。例えばジュディット・ルヴェルはＧＩＰ（監獄情報グループ）に代表される政治活動にフーコーが参加したことに強調点を置き(1)、一方ダニエル・リオタはフーコーの思想の内的な展開を重視すべきだとしているが(2)、両者とも、一九六九年に刊行された『知の考古学』に結実することになる、「ディスクール」の編成を論じる「アルケオロジー」というプロジェクトと、文学言語のもつ侵犯性や特権性を強調する六〇年代中期の文学論との齟齬を指

摘する点では共通している。(3)

これらの論者も触れているように、フーコーの文学論の特徴のひとつに、文学言語のもつ「空間性」の主張が挙げられる。文学作品において、言語が他者とのコミュニケーションのような目的から解放された自律的なものとなり、言語を語る主体や語られる真理がそこでは消滅する空間が開かれる――フーコーの文学論として最も知られたものであろうブランショ論「外の思考」でなされるこうした主張は、実際、同時期の文学論で執拗に反復されることになる。

このような文学言語の空間性の主張が、「アルケオロジー」の立場と齟齬をきたすものであるのは明らかであろう。「アルケオロジー」とは、ディスクールが編成されるシステムとしての「アルシーヴ」を探求する方法論のことを指している。「アルケオロジー」において、文学というディスクールは、臨床医学や精神医学、あるいは生物学や言語学、経済学といった、考古学に至る過程でフーコーが扱った様々な領域のディスクールと対等なのであり、あくまでその歴史的時間における編成のシステムに従属するものとして扱われる。ここにおいて文学言語の自律性という立場は維持しえないものとなるのである。

こうした、フーコーの文学論における言語の「空間性」と、アルケオロジーの「時間性」との対立または移行という事態を考えるうえで、本書において注目したいものに、六〇年代のフーコーが頻繁に用いた言語に関する三つの形象が存在する。それが、本章の主題に掲げた、マラルメに基づく「書物(livre)」、ボルヘスに基づく「図書館(bibliothèque)」、そしてアルケオロジーの語と共通した語源を持つ「アルシーヴ（archive）」の三つである。これらの形象は文学論からアルケオロジーへとフーコーの思想が変遷するなかで一貫して用いられるが、各々に対する意味付けは時期によって変化するため、六〇年代フーコーの思想の変容の指標として恰好のものといえるだろう。

それゆえ、本章ではこれら三つの形象の相互的関係と変容の過程を、フーコーのテクストに即して「空間性」と「時間性」の観点から検討することを通じて、文学論からアルケオロジーに至る六〇年代フーコーの言語をめぐる思想の流れを辿ることを目的としたい。まずは、フーコーの文学論における「空間性」の主張について、その概要を捉えることから始めよう。

一　文学言語と空間性

先述のとおり、フーコーはその代表的な文学論のひとつ、ブランショを論じた一九六六年発表の「外の思考」において、文学言語の空間性という主張を明確に打ち出している。このテクストの冒頭で、フーコーは現代文学の特徴を、「私は話す」という言表に集約されるものとして論じている。

「私は話す」は、実際それになんらかの対象を与え、支えになるようなある言説に参照されるものだ。しかし、この言説が欠如しているのである。「私は話す」なるものは、ただ他のあらゆる言語の不在のうちにのみその至上権を宿らせる。〔…〕ここでは、言語活動のいかなる可能性も、言語活動がその中で達成される他動性によって枯渇してしまっているのである。砂漠がこの場所を取り囲んでいる。〔…〕少なくとも、まさしく、「私は話す」の、内容なき薄弱さが姿を現す空虚は、一方では主体——話している「私」——が粉々になり、撒布され、四散して、この裸の空間に消失してしまうのに対し、ひとつの絶対的な出口、言語がそれを通じて無限に広がってゆくことのできるような出口であるだろう。(4)

「私は話す」という命題は、「話す」対象である何らかの言説を指し示すという「他動性」（他動詞としての性格）を持っている。しかし、「何について話すのか」という対象をこの命題は明示していないがゆえに、「他のあらゆる言説」はこの命題において不在のものであらざるをえない。そうした対象によって支えられていない以上、「私は話す」という命題は、ただ「私は話す」と言表する限りにおいて成立し、そして言表を終えるとともに消滅する、「内容なき薄弱さ」を帯びた束の間のものにすぎないのである。

この薄弱さのうちでは、命題の対象のみならず命題を言表する主体もまた不在となっている。「私は話す」は、ただ任意の誰かによって言表される限りにおいて存在し、他のいかなる言表にも、あるいは言表する主体が誰であるかにも依存することはない、そのような「裸の空間」なのである。フーコーはここに、現代文学において言語が語る主体からも対象からも解放され、自律性を獲得する可能性をみている。そして主体が消え去り、自律化した言語が無限の広がりを獲得する、このような空間において思考することを可能にするものこそ、「外の思考」なのである。

この空間について、フーコーは「網目（réseau）」のイメージによっても語っている。

〔…〕言語は言説の存在様態から――すなわち表象の専制から――逃れ、文学の言葉は自身を出発点として展開され、ひとつの網目を形作る。この網目のひとつひとつの点は、他の点と明確に区別され、最も近い点からも隔たっているが、すべての点に対しては、それらを包摂すると同時に分かつ、そうした空間のうちに置かれている。〔…〕文学の「主体＝主題」（文学のうちで語り、文学がそれについて語るもの）とは、実定性をそなえた言語であるというよりは、「私は話す」の裸性のうちに言表されるとき、そこに言語が自身の空間を見出す、そのような空虚であろう(5)。

ひとつひとつの点が、ほかのすべての点を包摂すると同時に分かつ、そのような空間としての網目――こうしたイメージは、「書物」「図書館」の形象においても共有されている重要なものである。ブランショの小説作品を分析するなかで、フーコーはこの網目の空間における言語を、時間性と対立するものとして論じることになる。

人々は長きにわたり、言語が時間を支配していると信じ、思い出および物語として役立つのと同じく、約束の言葉の場合は未来の絆としても役立つと信じてきた、言語は予言であり歴史であると信じてきた、〔…〕だが言語は無定形なざわめき、流出にすぎず、その力は隠蔽のうちに存在するのである。言語がただ時間の腐食と唯一の同じものをなすのみなのはこれによっている。言語は深さなき忘却、そして期待の透明な空虚なのである。(6)

「時間の腐食」とは、通常は線的に流れ、それによって「予言」や「歴史」を可能にするはずの時間が腐食によって停滞した状態を指す。それに「空間」としての言語が等しいというこうした主張は、同時代のフーコーの文学論において何度となく反復されることになる。「外の思考」に先立つ一九六四年に発表された、その名もまさに「空間の言語」と題されたテクストでは、フーコーは二〇世紀の文学を時間との類縁関係から解放されたものとみなし、言語が空間のなかで繰り広げられる様々な様態を、ロジェ・ラポルトやル・クレジオらの作品を例にとって分析している。またフーコーが偏愛した作家レーモン・ルーセルについても、「彼は文学言語にひとつの異様な空間を開いた」のだと評価している。(7)

ここまで見てきたような、空虚としての空間において主体が消滅し、言語が自律性を獲得するという事態に、フーコーは自律的言語としての「狂気」の言語と文学言語の類縁性、あるいは語る主体の限界としての「死」と文学言語との関係性を見て取り、「狂気、作品の不在」や「言語の無限反復」をはじめとする多くの文学批評や『狂気の歴史』『言葉と物』においてそうした問題を扱っている。また、文学における言語の自律化、無限の増殖に関連して、分身、鏡、あるいはシミュラークルなどの主題が同時期の文学論にはしばしば現れることになる。狂気、死、分身、鏡といった、このころのフーコーが好んで論じた主題は、いずれも言語の空間性という主張に関連しているのである。

二　書物と図書館

それでは、このようなフーコーの文学論において、「書物」「図書館」「アルシーヴ」という三つの形象はいかに扱われているのだろうか。まず注目に値するのは、先ほども述べたとおり、「書物」と「図書館」には、言語の織りなす「網目」としての空間を表す形象であるという点において、共通性が存在するということである。

一九六三年発表の「言語の無限反復」においては、言語の自律化、無限の増殖という現象が一八世紀末のサドや恐怖小説の時代以降出現したものであるとされたうえで、ボルヘスの描いた

「バベルの図書館」が論じられることになる。バベルの図書館では、「言われうるすべてのことがすでに言われてしまっている」のであり、それは何の意味ももたないような発話も含む。図書館が意味を欠いた発話を含むというこの点に、フーコーは一八世紀末まで有力であった「修辞学」の伝統と、それ以降出現する「図書館」という形象との切断を見出している。フーコーによれば、修辞学とは、絶対的で無限の第一の言語（例えば神の御言葉）を、有限な被造物や死すべき人間たちの語る第二の言語に結びつけることで、後者の言語に「意味」を付与するものであった。しかし「図書館」においては、このような起源の無限な言語との関係が絶たれ、言語は自ら無限なものと化すのである。

今日、言語空間は、「修辞学」によってではなく、「図書館」によって定義される。断片化した言葉の無限の連なりによって、修辞学の二重連鎖の代わりに、自らの手に委ねられた言語、無限の言葉に基づくことがもはや不可能なため、自らが無限であることを運命づけられた言語の、連続した、単純な一本の線が生み出される。しかしその言語は二重化し、自らを反復し、鏡や自己のイメージ、アナロジーの垂直的なシステムを生み出す可能性を自らのうちに持っている。それはいかなるパロールも、いかなる「約束」も反復せず、しかし自らが常に自らの類似物であるような空間を開き続けることで、死を無限に後退させる言語なのである。(8)

ここで、「自らが常に自らの類似物であるような空間」と述べられている空間とは、自らと同一であると同時に異なるものによって織りなされる空間であり、「ひとつひとつの点が、他のすべての点を包摂すると同時に分かつ」空間としての「網目」と同一のものであるのは明白であろう。
このテクストの結論として、フーコーは「図書館」の属する「網目」としての空間に、「書物」の形象も属するものとする。フーコーによれば、「図書館」はこれまで二つの危険、ジレンマに晒されてきた。図書館のすべての本が、「神の御言葉」に書かれているのなら、図書館など焼き払ってしまっても構わないし、また図書館の本が「神の御言葉」に書かれていない、御言葉に抗うものであるならば、やはり焼き払ってしまうべきだとみなされてしまうというジレンマである。このような「修辞学」の伝統に属するジレンマに対して、フーコーは「書物」には逆説が存在すると考える。すなわち、他のすべての書物を語る書物を作る場合、その書物は自らについても語らねばならないという逆説である。フーコーによれば、文学が始まるのはこの「書物」の逆説が「図書館」のジレンマに取って代わった、その時からなのである。

その時、書物はもはや言葉がフィギュール（文体の綾、修辞的文彩、言語の形象）を表す場所ではなく、書物が完全に反復され焼き尽くされる場所となる。場なき場、というのも、そこでは過去のすべての書物が不可能な「一巻」のうちに宿るからだ。その一巻は自らの呟きを他のあらゆる書物の傍らに並べることになる――他のあらゆる書物の後に、他のあらゆる書

物の前に。(9)

他のあらゆる書物を収めるとともに、他のあらゆる書物から区別される、この「一巻」こそ、「網目」としての空間なのである。またここで、その一巻が「他のあらゆる書物の後に、他のあらゆる書物の前に」並ぶものとされているが、ここには通常の時間的継起、原因と結果の連鎖から切り離された、「場なき場」としての空間のあり方を見て取ることができるだろう。

一九六四年にフロベール『聖アントワーヌの誘惑』のドイツ語版あとがきとして発表され、のち一九七〇年に改訂のうえフランス語で「幻想の図書館」と題され再発表されることとなったテクストにおいても、やはり「網目」としての「書物」と「図書館」が語られている。フーコーによれば、フロベールの『聖アントワーヌの誘惑』で繰り広げられるような幻想が属する「幻想の場」は、一九世紀に発見されたのであり、それこそが「図書館」というトポスなのである。(10)

そしてフーコーは、フロベールが書物だけによって織りなされた空間にその固有の場をもつ、『聖アントワーヌの誘惑』のような作品を書いたことは前例のないことだとし、現代の多くの作家たちはこの作品によってこそ可能になったのだとしている。

『誘惑』は、長い間フロベールが書こうと夢見てきた作品というだけではない。それは他のすべての書物の夢なのである。〔…〕『誘惑』ののち、「書物」、すなわちマラルメが可能になるだろう。そしてジョイス、ルーセル、カフカ、パウンド、ボルヘスと続く。図書館は火につつまれている。[11]

最後の一文、「図書館は火につつまれている」に、「幻想の図書館」の日本語訳者工藤庸子が訳注の形で注意を喚起し、ブランショの評論集『火の地帯』との関連を指摘していることは重要である。[12] 工藤はフーコーが渡辺守章・清水徹と行った鼎談での発言を引用しているが、そこでフーコーはブランショによれば文学空間とは「火の地帯」なのであり、文明はこの「火の地帯」を焼き払い消し去ろうとしてきたと述べている。[13] フーコーは「燃える図書館」に、ブランショを引き継いで、文学空間が文明にたいしてもつ破壊的・転覆的な力を託しているといえるだろう。

このような文学空間のもつ転覆性の主張は、「書物」の形象に関しても繰り返されることになり、「書物」と「図書館」とはこの点においても共通点をもっている。その一例として、一九六六年にアンドレ・ブルトンの没後まもなく行われた対談、「彼は二つの単語の間を泳ぐ人だった」においては、「反世界（antimonde）」としての書物について、マラルメの名を挙げながらフーコーは語っている。[14]

これまで見てきたように、「書物」と「図書館」は、「網目」としての空間に属する点、そして文明に対する転覆的な力をもつものとされている点で共通しているのだが、いっぽう武田宙也が指摘するとおり、「図書館」と「書物」との間には、その出現の順序において差異が存在する。[15]

ここで先に引用した「言語の無限反復」において、図書館が「修辞学」によって一時的に守られている一方、「場なき場」としての「書物」の空間は「修辞学」が存在しなくなったその後に到来するとされていたことを想起しよう。「書物」と「図書館」はいずれも言語の無時間的な空間性を備えているのだが、両者はあくまで歴史的にその出現が前後するものとされているのだ。

三　アルシーヴと時間性

「書物」と「図書館」が以上のようなものであるとして、それでは第三の形象である「アルシーヴ」の場合はどうだろうか。フーコーが「アルシーヴ」について頻繁に言及するのは、一九六九年の『知の考古学』で「アルケオロジー」の方法論を打ち立てる、その前後の年月である。そのなかでも、先ほど取り上げたテクスト「幻想の図書館」は、「アルケオロジー」の体系化に先立って「アルシーヴ」の形象が登場する点で注目に値する。

「火につつまれた図書館」について触れた箇所にすぐ続いて、フーコーはフロベールが図書館に対してもつ関係を、マネが美術館に対してもつ関係と類比している。両者の作品は、過去に描かれたすべての絵画、あるいは書かれたすべての書物との根源的な関係のうえに成立している点においてて共通性をもつというのである。そしてフーコーはここで、「過去のすべての作品」を指す語として、「アルシーヴ」を用いているのだ。

図書館に対してフロベールの行ったことは、美術館に対してマネの行ったことに等しい。彼らが書き、あるいは描くのは、かつて描かれたもの、かつて書かれたものに対して――というより、絵画やエクリチュールにおいて無限に開かれたままの部分に対して、ある根源的な関係に立ちながらなのである。彼らの芸術は、アルシーヴが形成されるところに築かれる。(16)

ここで、「アルシーヴ」が「過去のすべての作品」という時間性を帯びたものとされているのは、無時間性に立脚した「書物」「図書館」の形象と一見異なっているようにみえる。しかし、「かつて描かれたもの、かつて書かれたもの」が、「無限に開かれたままの部分」という形に言い換えられていることには注意が必要であろう。「かつて」という表現のもつ過去の時間性は、「無限に開かれたまま」という無時間的なアクセス可能性を示す表現によって希釈されてしまっているからである。

そしてまたフーコーがこの「幻想の図書館」というテクストを通じて、フロベールを現代文学の「網目の空間」を開いた先駆者と位置づけていることを考えあわせるならば、ここでの議論の重点が、「アルシーヴ」のもつ時間性よりは、フロベールの築いた「網目の空間」のあり方に置かれていることは明白だろう。ここでフーコーは「アルシーヴ」の語によって、確かに過去という時間性の問題を導入してはいるのだが、それはあくまで「網目の空間」「空間の言語」という、当時のフーコーの喫緊の問題系に比べて副次的なものなのであり、アルシーヴの時間性は文学言語の空間性の内部に回収されるものにすぎないのである。

しかし、「幻想の図書館」におけるこのような時間性の空間性への従属関係は、「アルシーヴ」を「アルケオロジー」の根本概念として用いる一九六九年前後のフーコーにおいては完全に逆転することになる。『知の考古学』刊行後まもなく行われたインタビューにおいて、フーコーは「アルケオロジー」と「アルシーヴ」の関係について簡潔に説明している。フーコーによれば「アルケオロジー」とは「アルシーヴ」の記述を指すのだが、ここでいう「アルシーヴ」には、次のような意味がこめられている。

私はこのアルシーヴという語によって、実際に語られた言説の集合体のことを考えています。それも、単に一度だけ起こり、その後歴史の冥府または煉獄において宙吊りにされるような出来事の集合としてばかりでなく、歴史を通じて絶えず機能、変容し、他の諸言説の出現を可能にする、そうした言説の集合体のことです。(17)

ここでフーコーは、アルシーヴを「言説の集合体」としているが、フーコーは『知の考古学』において、「言説の諸々の大きなタイプ」あるいは「言説の諸々の形態やジャンル」として、「科学、文学、哲学、宗教、歴史、フィクション」などを列挙している。[18] そのうえでフーコーは、これらの諸言説の区分は自明なものではなく、時代ごとに異なる言説領域の分節化、言説編成の産物であることを強調する。

初期の文学論においても、文学や「書物」「図書館」は一八世紀末から一九世紀にかけて生まれたという時代限定の主張は萌芽的になされていたが、しかしフーコーは文学に侵犯の力、とりわけ時間に対する特権的な力を認めていた。アルケオロジーの立場からすれば、「書物」や「図書館」の形象に託して、六〇年代中期のフーコーがその空間性、あるいは侵犯性を倦むことなく称揚した文学言語は、決して他の言説領野に比べて特権的なものではなく、時間のなかでの言説編成に従属する多くの言説のひとつにすぎないのである。「幻想の図書館」において、文学言語の空間性に比して副次的なものであった「アルシーヴ」は、アルケオロジーにおいて文学をその要素とする集合の位置に高められることになるのである。

文学の特権性の否定というこの傾向は、「図書館」と「書物」の形象に言及される次の箇所にも表れている。

アルシーヴは、伝統の重みを持たない。それは、時間も場所も持たないあらゆる図書館の図書館を構成するものではないのだ。しかしアルシーヴは、すべての新たな発話を快く迎え、その自由が行使される領野を開く忘却でもない。伝統と忘却のあいだで、アルシーヴは、諸言表に存続することと規則的に変容することを同時に許すような、ある実践の諸規則を明るみに出す。それは、諸言表の形成および変換の一般的システムなのだ。[19]

「伝統」としての、時間も場所も持たない図書館、それはまさに「網目」のイメージに託してフーコーが語った、あの「バベルの図書館」、フロベールやマラルメやジョイスやボルヘスが属するあの文学空間に他ならない。アルケオローグ（考古学者）としてのフーコーは、ここでかつての自説を明らかに棄却しているのだ。また書物についても同様に、『知の考古学』におけるフーコーは、もはや「反世界」としての書物を語ったフーコーとは異なり、書物をその物質的次元において、諸々の言説編成から織りなされるものとして論じている。[20] こうして、六〇年代フーコーが文学に仮託して語った、「書物」と「図書館」という二つの形象は、いまひとつの形象である「アルシーヴ」を前にして、姿を消してゆくことになったのである。

おわりに

こうした、フーコーにおける文学の価値下落は、『知の考古学』刊行後の一九七〇年に日本で行われたインタビュー「狂気・文学・社会」のなかで、「燃える図書館」というブランショに由来するイメージについてフーコーが再度言及した箇所において、『知の考古学』にも増して明白に見て取ることができる。フーコーによれば、かつて図書館を燃やしていた火は、もはや消えてしまったのである。

たんに、ブランショの描いたのは今日までの文学とはなんだったかということではないでしょうか、そして今日、文学が演じているのははるかに控えめな役割なのではないでしょうか？ すべての作品を、その誕生のとき、あるいは誕生の前にさえすでに焼き尽くしていたあの大火は、消えてしまったのではないでしょうか(21)？

ここでフーコーが語っている「火」、それは六〇年代のフーコーが文学に見出した秩序破壊的な力を象徴するものであるとともに、フーコー自身を燃え立たせていた文学への熱い関心を象徴するものでもあるだろう。この「火」が消失するとともに、六〇年代末から七〇年代初頭にかけてのフーコーは、文学への失望を幾度となく口にするようになってゆくのである。

こうして本章では、六〇年代のフーコー文学論の軌跡を、「書物」「図書館」「アルシーヴ」という三つの形象に事寄せて概観してきた。次章では、こうした軌跡をより具体的に体現した例として、フーコーとマラルメの関係に焦点を合わせることにしたい。

第二章　語るのは語それ自体である――鏡としてのマラルメ

はじめに

フーコーの文学論に登場する作家のうち、マラルメは特異な地位を占めている。その好例として、一九六六年刊行の『言葉と物』におけるマラルメ像が挙げられるだろう。「言語（langage）の回帰」と題された節において、フーコーはマラルメに対して、次のように述べている。

語のあえかなる厚みのなかに、紙のうえにインクで書かれる、あの細くて物質的なひとすじの黒い線のなかに、すべての言説を閉じこめようとするマラルメの試みは、実のところ、ニーチェが哲学に答えることを命じた問いに答えるものなのだ。〔…〕「だれが語るのか?」というニーチェの問いに、マラルメは、次のように述べることで答えるのだが、彼はその答えを何度も絶えず繰り返し続ける。すなわち、語るのは、孤独における、束の間の振動における、無のなかにおける語それ自体――語の意味ではなく、その不可解で不安定な存在なのだ、と。(1)

フーコーによれば、近代、とりわけ一九世紀末から二〇世紀初頭にかけて、それ以前の古典主義の時代には閑却されていた「言語の存在」が、ふたたび思考の対象として出現することになる。そして、言語という謎めいた存在の回帰に直面して、ニーチェは哲学の領域から「だれが語るのか」を問うたのに対して、マラルメはその問いに、語るのは「語それ自体」なのだ、と答えたのである。

このように、『言葉と物』におけるマラルメは、言語の存在に対してニーチェが哲学の領域において放った問いに、文学の領域において解答を与えた存在とみなされている。ニーチェがフーコーの思想に生涯を通じて及ぼした圧倒的な影響を考慮するなら、ここでマラルメに与えられている地位は他の作家たちに比して隔絶した、法外なものといえるだろう。こうしたマラルメの特権的な立場は『言葉と物』に限られない。同時期の他の文学論においても、マラルメは近代文学の誕生とその精髄を体現する存在として、頻繁に言及され称揚されている。

だが、フーコーのマラルメについての議論は、これまでフーコー研究、マラルメ研究のいずれの領域においても、十分な注目を集めてきたとはいえない。マラルメ研究において、フーコーをはじめとする二〇世紀の思想家がいかにマラルメを理解し、あるいは曲解してきたかについては、活発な批判的研究がなされている(2)。しかしそこでフーコーのマラルメ論についての詳細な検討は行われていない。他方、フーコー研究の側においてもやはり、彼が残したマラルメ論に取り組む姿勢は希薄なものといわざるをえない。そこでマラルメの名は他の作家たちと並置してわずかに言及されるにすぎないのである(3)。

それゆえ、本章においては、まず『言葉と物』を出発点として、フーコーのマラルメ論を全体的に捉え、フーコーがそのなかでマラルメに象徴される文学の言語にいかなる可能性を見出していたのかを検討する。続けて、そうしたマラルメへの関心は、なぜ失われてしまったのかという点を考察する。フーコーは六〇年代末から文学への興味喪失を吐露するようになるのだが、それと軌を同じくしてマラルメの名が口にされることはきわめて稀なものになってしまうのである。

かつてはニーチェと肩を並べる存在と見なしてさえいたマラルメへの、この急速な関心の喪失は何を示しているのだろうか。本章ではこの疑問に、フーコーのマラルメ論が、「言語」の問題とあまりにも緊密に結び付いているがゆえに、一種の狭隘さを抱えてしまっている点を指摘することで回答を試みたい。

一　マラルメと文学の言語

前述のとおり、『言葉と物』でマラルメがニーチェと対をなす存在として取り上げられているのは、近代における「言語の回帰」という出来事を説明する文脈においてである。まずはその議論を辿ることにしよう。

フーコーによれば、一六世紀のルネッサンス時代、言葉と物、言語と自然とは、「類似(ressemblance)」の原則のもとに連続したものとして捉えられていた。言語と自然が「類似」しているとは、言語が世界に存在する一種の自然物として認識され、他方では自然が人間に解読を求めている一種の言語として認識されるという相即関係にあることを意味する。

こうした認識論的な場(エピステーメー)において、なにかを認識することとは、自然を言語として解釈し、その下により一義的な原初の「テクスト」——端的にいえば、神の言葉——を発見することを指しており、フーコーはこうした自然物の解釈を「注釈(commentaire)」と呼んでいる。(4)

ところで、自然の注釈は言語によって行われるのであり、かつ自然に対する注釈としての言語も一種の自然物である以上、それ自体がまた注釈の対象となることは避けられない。すなわち、言語としての自然としての言語としての自然……という堂々巡りがここで発生するわけであり、注釈はこうして終わりなきものとなる。フーコーが「一六世紀の言語は、第一義的テクストと解釈の無限性の間隙のなかに捕えられている」と述べる所以である。(5)

このような一六世紀の「類似」にもとづく知の体制を、フーコーは「生のままの原初的存在」――すなわち世界に自然として物質的な形態をとって実在するものとしての言語、その言語に対する注釈、その注釈によって明らかになるはずの原初のテクストという、三項関係からなるものとして整理する。(6)ところが、このような三項関係は、一七・一八世紀の古典主義時代に入ると、「表象」という「類似」に取って代わる原理によって、解体されることになる。「表象」の体制において、言語には思考を表象する役割が与えられるが、そのためには言語は思考に対して透明なものであることが要求される。こうして一六世紀の「原初的存在」としての物質的な厚みをもった言語は消滅を余儀なくされ、言葉と物、言語と自然との紐帯は断ち切られることになる。これに伴って「第一義的テクスト」や「注釈」といった他の二項も消滅し、表象作用における言語のはたらきを指す「言説（discours）」と、そうした言説の機能や仕組みを問う「批評（critique）」がそれらに代わることになる。(7)

しかし、こうして古典主義時代に見失われた言語の存在は、一九世紀以降の近代において再び見出されることになる。フーコーはその原因を大きく二つに分けている。

第一の原因は、言語を純粋な客体として分析し、その歴史性に迫ることを目的とした、文献学の成立である。文献学によって、言語は思考を表象する唯名論的な存在ではなく、固有の厚みをもって実在する客体として、他の経験的認識の対象と同一のレベルまで引き下ろされることになる。これをフーコーは言語の「水平化（nivellement）」と呼ぶ(8)。そして、第二の原因こそ、第一の原因である言語の水平化に対する異議申し立てとして誕生した「文学」なのである。

こうして、文献学から出発した哲学者ニーチェと、文学者マラルメとは、フーコーの議論において対をなす存在としてあらわれることになる。ここでフーコーが文学を文献学に対する異議申し立てとして誕生したものだとみなしていることには注意が必要である。前述のとおり、文献学の目的は言語を客体として分析することにあるのだが、それに対してフーコーは、客観的分析を拒絶する、自らのうえに閉じた自律的な言語の様態として、文学を定義しているからである。フーコーはこうした文学のあり方を、「独立した接近しがたい形式」「話すことがもつむきだしの力」と表現し、ロマン主義からマラルメに至る一九世紀の文学に、「言語の近代的な存在様式との関係からみた文学の機能」を看取している(9)。

別の箇所では、こうした文学のあり方を、フーコーは古典主義時代において思考の透明なコミュニケーションを可能にしていた「言説」に対抗させて「反‐言説」と呼んでいるが、そこでもやはりマラルメの名が召喚されている。

この〔＝言語の〕存在は、我々の知のなかにも、反省のなかにも、その記憶を我々に呼び戻させるものをいまや何ひとつとして持っていない。何もない、おそらくは文学を除いて――文学がその記憶を呼び覚ますのも、直接的というよりは暗示的で斜交いな方法によってである。ある意味で、近代の閾に成立し、そのようなものとして自身を指示した「文学」というものは、言語の生きた存在が、予想だにしないところで再出現することを明示するのだといえよう。〔…〕ところで、一九世紀全般から今日に至るまで――ヘルダーリンからマラルメやアントナン・アルトーに至るまで――、文学が自律性において存在し、他のあらゆる言語から深い断絶によって切り離されているのは、文学が一種の「反‐言説」を形成することで、言語の表象的または記号としての機能から、一六世紀このかた忘却されていた、あの生のままの存在へと遡行したからに他ならない。(10)

こうした文学言語の自律性は、『言葉と物』に先立つ一九六四年に発表されたテクスト「狂気、作品の不在」においても同様に主張されている。そこでフーコーは文学の言語を「それ自体のうちに自らの解読原理が書きこまれたパロール」、外的な解釈を許さないパロールと定義し、マラルメをそうした言語が誕生した契機と位置づけている。(11) そのうえで、このような言語に、フーコーは狂人の言語、すなわち他者の理解を拒む自らのうちに閉じた言語との類縁性を看取している。

文学の言語は、その言述するものによっても、それをシニフィアンにする構造によっても定義されないのに気付くべき時が来た。そうではなく、文学の言語はひとつの存在をもつということ、文学の言語に問いかける必要があるのはその存在についてなのだということに気付くべき時が来たのだ。この存在とは、目下のところ何なのだろうか？　おそらくは、自己を包含することや分身、そしてそこに穿たれた空虚にかかわる何らかのものである。その意味において、マラルメ以来生み出され現在に至る文学の存在は、そこでフロイト以来狂気の経験が行われる領域を手にしている。(12)

同時期のフーコーの文学論においては、ここで文学言語の本体として挙げられている「空虚」という語は、ブランショに由来する「空間」の語によってしばしば言い表され、かつそこではマラルメの「書物」のプロジェクトが「空間」の理想的モデルとして称揚されている。その例として、「狂気、作品の不在」と同年の一九六四年にブリュッセルで行われた二回にわたる講演「文学と言語」がある。「文学」「言語」「作品」の三角形という視点に立ち、サドやプルースト、ジョイスなど数多の作家を多角的に論じたこの講演の第一回において、マラルメは最後に論じられる作家として特異な地位を占めている。次の引用のとおり、フーコーによればマラルメの作品は言語それ自体の空間性を感知しうるものとしたのであり、マラルメが切り開いた言語空間は、他のあらゆる作家を分析するうえでの範例として位置づけられることになる。

マラルメ的な諸物からなる曖昧な空間、ヴェールを取ると同時に包み隠す空間こそ、おそらくはマラルメの諸語の空間であり、語それ自体の空間なのだ。マラルメにおいて語は、パレードを繰り広げ、その下に言おうとしていることを隠し、沈めこむ。語は白いページのうえに折りたたまれ、言うべきことを隠すが、自らのうえに折り返すこの動きと同時に、断固として不在に留まるものを隔たりのうちに出現させるのである。おそらくはこれがマラルメの言語の運動なのであり、いずれにせよ、これがマラルメの書物の運動なのである。この書物は言語の場という最も象徴的な意味で理解すると同時にマラルメの試みという最も正確な意味でも理解せねばならない。この試みのうちで、マラルメはその存在の終局において、文字どおり消滅するのだ。〔…〕この執拗な不可能性において、マラルメの書物は言語の不可視の空間をほぼ可視的なものとする。マラルメの場合に限らず、我々が取り組もうと欲しているすべての作家のために、この空間は分析されねばならない。[13]

この講演では、ジャン゠ピエール・リシャールの『マラルメの想像的宇宙』が、主要な参考文献として挙げられているが、講演と同年の一九六四年にフーコーが発表したこの著作の書評のなかでも、マラルメの作品の空間性を研究した点においてリシャールは高く評価されている。[14]

また、先の引用で、書物という試みによってマラルメが「文字どおり消滅する」と論じられていることは、『言葉と物』との関連において決定的に重要な点である。『言葉と物』では、文学言語を前にした語る主体の消滅という事態が、やはりマラルメとニーチェを対にして次のように論じられるからである。

ニーチェが、『この人を見よ』におけるように、最後まで誰が語るのかを問い続け、最終的におのれ自身この問いの内部になだれこむ覚悟で、その問いを自分自身、つまり語りかつ問う主体に基づかせようとしたのに対して、――マラルメは、自らの固有の言語から自身を消し去ることをやめなかった。言説が自分自身によって構成されるような「書物」の純粋な儀式のなかには、執行者という資格においてしか出演しようとは望まぬほどに。(15)

そのうえでフーコーはこの主題を、近代の産物である「人間」の消滅という、『言葉と物』のクライマックスをなす主題と結びつける。フーコーによれば、言語にその主導権を譲り渡した文学が明らかにするもの、それは人間の「有限性」に他ならない。「有限性」とは、古典主義時代の「表象」の体制が崩壊した後、近代において出現する「人間」という形象を構成する概念である。

古典主義時代の「表象」の透明な秩序にあっては、その空間を自身のために構成させている主体については問われることがなかった。しかし近代において、人間は知の客体であると同時に、認識する主体でもあるという、二重の意味で有限で両義的な立場に置かれることになる。二重の意味でというのは、文献学、生物学、経済学という近代の知によって、自身の思うままにならない外部から対象化されるという点で客体として有限であると同時に、そうした自身の制限された認識の条件について、自らの有限性を自覚した主体として問うことができるという世界を秩序づける特権的な中心でもあるということを指す。フーコーはこうした二重な存在としての人間を「経験的‐超越論的二重体（doublet empirico-transcendental）」と呼び、その哲学的な分析をカントの「人間学」に求めたうえで、カント以降の近代哲学は「人間学的な眠り」に陥っていると断じる(16)。

そして、こうした「人間学的な眠り」からの目覚めをもたらすものとして、フーコーは「言語」の存在の近代における回帰を強調するのである。言語の形式的純粋理論としての言語学、ニーチェの哲学、マラルメを嚆矢とする近代文学の誕生は、語る主体を消滅させることによって人間を脱中心化し、その有限性の「外」を垣間見させる契機として、フーコーに召喚されることになる。次の引用は、とりわけ文学と有限性との関わりについて論じたものである。

今日の文学が、言語の存在に魅了されているということ――それは文学の終焉の徴でも、根源化の証拠でもない。それは、我々の思考と知の脈絡すべてが描かれている、きわめて広大な布置のなかにその必然性を根づかせているひとつの現象に他ならない。しかし、形式的言語の問いが、実定的な内容を構造化する可能性または不可能性を際立たせているのだとすれば、言語に捧げられた文学のほうは、有限性の基本的な諸形式を、経験的な活発さによって際立たせるものであるだろう。言語として経験され走破される言語の内側から、極限まで延長された可能性の戯れのなかで告げられること、それは、人間が「有限」であるということ、可能なすべての言葉の頂きに至るとき、人間は自らの中心に到達するのではなく、人間を制限する縁に到達するのだということ、その領域においては死が徘徊し、思考が消滅し、起源の約束が無際限に後退するのだということである(17)。

また別の箇所では、ニーチェの「神の死」――フーコーは「神の死」が、神の虐殺者である「人間の死」、すなわち「有限性」によって条件づけられた主体である「人間」の消滅と裏腹であることを強調している――の宣告によって、カントに代表される近代の哲学は終焉しつつあることをフーコーは主張しているが、その際、文学には哲学に回収されない固有の領域が存在することが示唆される。

一九世紀を通じて、哲学の終焉と迫りつつある文化の約束は、おそらく有限性の思考と知における人間の出現と全く同一のものをなしているのに他なるまい。今日、哲学がいまもなお終焉しつつあるという事実と、おそらく哲学の内部で、しかしそれにもまして哲学の外部で哲学に対抗して、文学においても形式的反省においても同様に、言語の問題が提起されているという事実はおそらく、人間が消滅しつつあるということを証明しているのであろう。[18]

ここで文学は、「人間学的眠り」にまどろみ終焉に向かう哲学に対抗して、哲学の外部に場を占めるものとみなされている。文学が立つこの場こそ、ニーチェが「神の死」を唱えることで指し示した場なのであり、ニーチェとマラルメが出会うのはまさにこの場においてなのだ。

以上のように、本節では『言葉と物』における「言語の回帰」についての議論を出発点として、文学言語の自律性、言語の空間性、主体の消滅という主題との関連を確認し、そのいずれの主題においてもマラルメが特権的存在として扱われていること、そしてマラルメを契機とする文学には、哲学と拮抗する固有の権能が与えられていることを明らかにした。それでは、このようなマラルメに対する興味は、なぜその後失われてしまうことになるのだろうか。

二　マラルメとの離別

この疑問に対して、フーコーのテクストにその直接的な原因を求めることは困難が伴う。というのも、フーコーは七〇年頃を境としてしきりに文学への幻滅を語るようになるにせよ、その際マラルメの名が挙げられることはないからだ。あたかも、六〇年代のフーコーにとって、マラルメは当初から不在であったかのように彼は振る舞っているのである。

そこで、本節では六〇年代のフーコーから距離をとり、視点をマラルメ研究の立場に置いてみたい。本章の冒頭でも述べたとおり、マラルメは今日に至るまで、フーコーに限らず数多の哲学者・思想家たちによって考察の対象とされてきた。現在ではこうした哲学者のマラルメ観について、文学研究者の側からなる批判的な論考が数多く発表されている。つまり、哲学者たちはマラルメの具体的なテクストに即さず、自分たちの理想とする抽象的な文学像を一方的にマラルメに押し付けてきたのではないかという批判である。このような立場は専門のマラルメ研究者に限らず、アンリ・メショニックのような詩人・批評家にも共有されている。彼は、マラルメという名が詩の本質や近代性について論じるうえで避けられないものとなっている状況を「マラルメ問題(une affaire Mallarmé)」と呼んだうえで、「そこにはマラルメが欠けている」と批判している。(19)

フーコーの文学論に多大な影響を与えたモーリス・ブランショは、こうした哲学的なマラルメ解釈への批判的潮流のなかでしばしば矢面に立たされている。例えばケヴィン・ハートは「結局のところ、ブランショのマラルメ論が興味深いのは、マラルメについて多くを語っているからではなく、ブランショについて多くのことを私たちに語ってくれるからなのだ」とし、「ブランショのマラルメとは、まさにブランショのブランショなのだ」と手厳しい結論を下している。(20)

ブランショに向けられたようなこうした批判は、やはりフーコーも免れえないのではないだろうか。『言葉と物』でフーコーが行った分析は、ルネッサンスから近代以降に至る壮大なパースペクティヴのなかにマラルメを位置づけるものであるが、あまりに壮大であるがゆえに、マラルメを一九世紀後半の諸現象のなかに位置づけるベルトラン・マルシャルのような研究を手にしている現在から見た場合、[21] フーコーのマラルメは歴史的状況から切り離された抽象的なものに留まっているという印象は拭えない。

また、フーコーの好敵手であったジャック・デリダが、立花史が指摘するように、『二重の会』においてマラルメのテクストを豊富な引用とともに語未満の単位に至るまで丹念に分析していることと比較すると、[22] ほとんどマラルメの具体的なテクストに触れることのないフーコーの議論の抽象性は一層際立つことになる。

こうした批判は、無数に加えることができよう。マラルメ研究を賑わせている、多くの重要なテーマ——演劇、音楽、群衆、神話学との関係、『最新流行』のマラルメ、『英単語』のマラルメ、その他諸々のマラルメ——といったものが、フーコーの分析には不在なのだから。フーコーのマラルメはあくまで「言語」の問題に還元された、やせ細り貧しいものであるといわざるをえまい。

ところで、先ほど批判の対象として名を挙げたブランショは、そのカフカ論「フィクションの言語」のなかで、貧しさこそがフィクションの本質なのだと論じている。[23] 物語のなかの登場人物について我々が知ることは、我々が身近に接する人物について知っていることに比べて、きわめて貧しいものにすぎない。しかしブランショは、この貧しさこそがフィクションを成り立たせているものだというのである。

この意味において、フーコーの描いたマラルメを、「フィクション」としてのマラルメ、と呼ぶことができるのではないだろうか。奇しくも晩年のフーコー自身も、本書第七章で詳述するとおり、「自分の書いたものはすべてフィクションだ」という発言を残している。[24] フーコーのマラルメはたしかに貧しい姿に還元されたものであるが、その貧しさによって逆説的に我々に教えてくれるものがあるのだ。そしてそれは、マラルメについてというよりは、むしろフーコーについて教えるものであるだろう。つまり、「言語」の問題と「人間の消滅」にかくもとり憑かれ、ニーチェとマラルメに代表される文学に人間の外部に至る道を希求していた、六〇年代のフーコーの姿についてである。前述したケヴィン・ハートの顰に倣うならば、「フーコーのマラルメ」が示すもの、それは「フーコーのフーコー」なのだ。

そして、フーコーのマラルメが、フーコー自身の「言語」に対する問題意識にかくも結びついたものであるという、まさにこの点こそが、フーコーが七〇年頃を境にマラルメについて口を閉ざし、マラルメとニーチェとの対が消滅することになる理由なのではないだろうか。

マラルメとニーチェを区別するもの、それはフーコーのマラルメが、あまりにも「言語」に捧げられた詩人であったのに対して、ニーチェは「言語」の問題に限らない、多様な領域に接続しうる存在とフーコーの目には映っていた点にあるのではないだろうか。ハンス・スルガは、フーコーにおけるニーチェが「脱主体化の経験」「知と理性の歴史の記述」「権力の理論」「生存の美学」という四つの領域にわたるものであると述べているが、[25] このような広がりが、フーコーにおけるマラルメには欠けているのである。

六〇年代後半から七〇年前後にかけてのフーコーの関心の移動を端的に述べるならば、「言語（langage）」から「言説（discours）」へ、ということが可能だろう。ここでの「言説」は、古典主義時代におけるものとは異なり、個々の「言表（énoncé）」の集合のことを指す。フーコーはこうした言説の例として、「科学、文学、哲学、宗教、歴史、フィクション」などを挙げているが、(26)ある言表がこれら諸領域に編成されるその規則を問題にすることが六〇年代末のフーコーの課題となる。このような問題構成において、文学は他の言説と並置されたひとつの言説にすぎず、かつてフーコーが文学言語に見出した権能は失われる。第一章で述べたとおり、フーコーはこうした言説の集合をアルシーヴ（archive）と呼び、アルシーヴの学としての「考古学」を、六〇年代を締めくくる『知の考古学』において自らの方法として提示する。そしてこのテクストこそ、ニーチェとマラルメが対として、しかしかつてとは異なる姿で言及される、ほとんど最後の機会なのである。

『知の考古学』においてフーコーは、言説の編成を問題とするためには、個別の言表を統一する単位として自明視されている「書物」や「作品」「作者」といった概念を宙吊りにしなければならず、一般に作品とみなされる詩や小説から作品とはみなされない些末な書き物に至るまで分散した個別のテクストと、固有名をもった作家との関係は一義的に定義できるものではないと論じる。そのさなかで、次の引用のようにニーチェとマラルメという対が出現することになる。

作品については、さらに困難な問題がもちあがる。もっとも、一見これほど単純なことがあるだろうか？　作品というのは、ある固有名詞によって指示されることが可能なテクストの総体をいうのではないだろうか。ところで、その指示は（たとえ作者の帰属に関する諸問題は措くとしても）、等質な機能ではない。ある作者の名は、作者自身がおのれの名で出版したテクスト、偽名で発表したテクスト、死後に下書きとして発見されることになるテクスト、なぐり書きにすぎない別のテクスト、手帳、「紙きれ」といったものを、同一の方法で指示するのだろうか。〔…〕ともあれ、「マラルメ」という名は、英語での作文、エドガー・ポーの翻訳、詩、アンケートへの回答といったものに、同一の方法で関わりはしない。同様に、ニーチェという名は、若書きの自伝、学校の小論文、文献学の論文、『ツァラトゥストラ』、『この人を見よ』、書簡、「ディオニュソス」や「皇帝ニーチェ」と署名された晩年の郵便はがき、クリーニング屋の勘定書、アフォリズム集の計画が混ざりあった無数のメモ帳とのあいだで、同じ関係を持っているのではない(27)。

しかし、ここでの二人の名は、作者と作品の関係を問ううえでのひとつの例示に留まっており、およそ六〇年代のフーコーが彼らに見出したような、「人間の消滅」をもたらす権能は喪失されている。

一九七五年の「哲学を厄介払いする」と題された対談において、フーコーは自分の著作において文学のテクストはいかなる機能ももたない「休息（repos）」であり「紋章（blason）」であったと回顧している。[28]これはあくまで文学に別れを告げたのちのフーコーの発言であり、六〇年代のフーコーがたんなる「紋章」、すなわち自身のテクストを飾るものには留まらない可能性を文学の言語に見出していたことは第一節で検討したとおりであるが、『知の考古学』でのマラルメの名は、他の作家の名と交換可能な、まさしく「紋章」程度の存在にすぎないものへと還元されているのである。

「マラルメ」という固有名と多領域に散乱したテクストとの関係という問題については、先に言及したリシャールの著作への一九六四年の書評においても、すでに次のように論及されている。

こうして、リシャールのすべての分析は、最終的に明確な形で露わになる法則によって根拠づけられ、必然的なものとされる。〔…〕この法則は、ラングの構造（その修辞学的な諸可能性とともに）でも、体験のつながり（その心理学的な諸必然性とともに）でもない。それは、言語の裸の経験として、語る主体と言語の存在それ自体との関係として指し示すことができるだろう。この関係は、マラルメにおいては（我々が「マラルメ」と呼んだ言語のあの集塊のなかでは）歴史的に唯一の形式を得た。この関係こそ、マラルメの語、統辞法、詩、書物（実在のものであれ不可能なものであれ）の数々を、絶対的な権限のもとに配置したものなの

である。(29)

ここで「我々が「マラルメ」と呼んだ言語のあの集塊」と表現されているものが、そうした関係に該当する。しかし、議論の主眼は、「語る主体と言語の存在それ自体との関係」をリシャールが公式化した点に置かれており、個別のテクストが「言説」に編成される過程を問うた『知の考古学』とは明白に視点が異なっている。

『知の考古学』が書かれた六九年以降、対となった二人の名は『言葉と物』についての回顧的な言及においてフーコーの口にのぼるに留まり、マラルメはほとんど姿を消してしまう。フーコーは『知の考古学』以降、「考古学」から「系譜学」へ、そして「権力」や「統治性」の研究を経て晩年の「主体化」の議論へ、というように次々と研究領域を拡大させ続けるが、その道程で既成の「哲学」や「哲学者」への違和を繰り返し表明することになる。六〇年代後半以降のフーコーの「文学の外」へ出ようとする身振りは、「哲学の外」へ出ようとする身振りと同期しているといえるだろう。かつてフーコーは近代哲学の「外」にマラルメとニーチェが出会う場を認めていたのだが、こうして「哲学」からも「文学」からも離れた場所には、マラルメの居場所はもはやなく、ニーチェだけが残ることになるのである。フーコーにおけるマラルメは、一種の「フィクション」として、六〇年代のフーコーの「言語」に対する熱いまなざしを映し出すと同時に、七〇年代におけるマラルメの不在という形を通して、言語の問題の外部へと出たフーコー

の姿をも映し出しているのである。(30)

おわりに

本章では、一章で概観した六〇年代フーコー文学論の軌跡を前提としたうえで、その具体例としてフーコーとマラルメの関係の変遷を辿った。これによって、六〇年代フーコーが文学に事寄せて何を思考し、何を語っていたか、そして何ゆえに六〇年代末に至って「文学への離別」を宣言するに及んだのか、おおよその見取り図が描けたのではないかと思う。

だが、慧眼な読者――とりわけ、二〇世紀の文学批評史に通じた読者――は、次のような疑問が湧き上がるのを禁じ得ないだろう。なるほど、文学と「狂気」の関連性というフーコーの視点は、『狂気の歴史』の著者ならではのものだろう。とはいえ、「語る主体の消滅」であれ、文学言語の「自律性」「空間性」であれ、そうした主張のうちにフーコーの独自性を認めることはできるのか？　「作者の死」（一九六七年）、「作品からテクストへ」（一九七一年）のロラン・バルトは、フーコーと同じ事態を「文学」に見ていたのではないか？　何より、フーコーが終生変わらず敬愛していたモーリス・ブランショの圧倒的な影響を抜きにして、フーコーの文学論は存在しえなかったのではないか？　結局のところ、フーコーは二〇世紀中盤の多くの「文学批評家」と同じことを、彼一流の晦渋かつ華麗な口吻で語っているにすぎないのではないだろうか？

こうした疑問は、一九六四年の講演「文学と言語」の第二回や講演草稿「文学分析の新しい方法」において、フーコーが文学言語の「空間性」を明らかにした著作として、ジャン・ルーセやジャン＝ピエール・リシャール、ジャン・スタロバンスキーなどの彼に先行する「ヌーヴェル・クリティック（新しい批評家）」と呼ばれる批評家たちの手によるものを挙げているという一例からも、[31]当然なものに思われる。フーコーが、先達の議論を下敷きにして、彼らと視点を共有したうえで文学を語っているのは疑うべくもない。

とはいうものの、フーコーが六〇年代に残した文学論は、扱っている主題の幅広さと、扱う作家への極度の没入——その作家のエクリチュールを「模倣」するほどの入れ込みよう——によって、やはり、他の文学批評家の議論には回収できない強度を帯びているのも確かである。続く第三章、第四章では、「翻訳」という主題を扱ったクロソウスキー論である「血を流す言葉」、そして愛する作家に捧げた唯一のモノグラフィー『レーモン・ルーセル』に着目することによって、その特異性を明らかにしたい。

第三章　模倣としての翻訳、侵犯としての翻訳――クロソウスキーの波紋

はじめに

一九六四年、ピエール・クロソウスキーは、ウェルギリウスの叙事詩『アエネーイス』の翻訳を刊行した。(1) ラテン語で書かれた原作の語順を、完全な逐語訳とはいわぬまでも可能な限り尊重しながらフランス語に置き換えたこの翻訳は、まもなくフランスの読書界に大きな反響を呼び起こすこととなる。ジャン・ポーランやロジェ・カイヨワなどの知識人は否定的な評価を下す一方、ミシェル・ドゥギーやガエタン・ピコンなどは熱烈な賛辞を送った。(2)

こうした賛否の入り混じった受容段階を越えて、『アエネーイス』翻訳は訳者クロソウスキー

自身の思想の一端を明らかにする可能性を秘めたものとして評価が定まっており、セドリック・ショーヴァン、レスリー・ヒル、大森晋輔などのクロソウスキー研究において分析の対象に取り上げられている。(3) より広い文脈では、翻訳についての実践的・理論的考察を行う「翻訳研究」の領域においても、アントワーヌ・ベルマンの著作に代表されるように、クロソウスキーの『アエネーイス』は翻訳史上の画期をなすものとして関心を集めるに至っている。(4)

ミシェル・フーコーもまた、クロソウスキーによる翻訳の刊行当時、惜しみない賞賛を捧げた一人であった。刊行と同年の一九六四年、フーコーは「血を流す言葉」と題された書評を発表した。この書評は、フーコーが「翻訳」という主題について明示的に論じたほぼ唯一独自のものとして、注目に値する。フーコーはこのテクストで、いかなる翻訳論を展開しているのだろうか。また晩年に至るまで、フーコーにとってクロソウスキーはブランショやバタイユ、ルーセルと並んで敬愛の対象であり続け、そのためフーコーはクロソウスキーに「血を流す言葉」以外にも「アクタイオーンの散文」のような重要なテクストを捧げている。そうしたテクストと「血を流す言葉」はいかなる連関にあるのだろうか。「血を流す言葉」は短い書評でありながら、一例として挙げるだけでもこうした問いに対して開かれたものとなっている。

しかし、これまでのフーコー研究において、「血を流す言葉」に対して十分な議論がなされてきたとはいえない。フーコーは一九六〇年代にクロソウスキーのみならず数多の文学者を扱ったテクストを発表したが、ジュディット・ルヴェルはこうしたフーコーの文学論を、『狂気の歴史』

『言葉と物』などの同じ六〇年代に執筆された主著と比較して「周辺的（périphérique）」なテクストと位置づけたうえで、両者の思想的連関を問うている。(5) しかし彼女の議論において、「血を流す言葉」は閑却されている。ルヴェルの言葉に倣うならば、「血を流す言葉」はフーコーの「周辺的」テクストのなかでも、とりわけ「周辺的」な立場に甘んじているといえるだろう。

それはジャン＝フランソワ・ファヴローの研究においても大きく異なるものではない。彼はフーコーの文学論を総体的に扱った浩瀚な著作においてフーコーとクロソウスキーの関係に一章を割き、「血を流す言葉」にも言い及んでいる。(6) しかし、「血を流す言葉」はごく手短にその論旨が辿られるのみであり、「アクタイオーンの散文」との思想的連関は追求されていない。

それゆえ、「血を流す言葉」が提起する様々な問いは、いまだ詳細に解明されているとはいえないのが現状なのである。本章では、「血を流す言葉」を「アクタイオーンの散文」を介して読み解くことによって、フーコーの翻訳論の特色を浮き彫りにすることを目的とする。

一　クロソウスキーの「垂直的」翻訳

「血を流す言葉」の冒頭で、フーコーはまず伝統的な翻訳を「横方向（latérale）」の翻訳と呼び、その特徴を次のように描写している。

翻訳本来の場所とは、開かれた書物の片側の一枚である。平行した諸記号によって覆われた、隣接するページである。翻訳する人間とは、夜陰に乗じて不法越境させる者なのであり、本の折目を越え、意味の群れを左から右へとこっそり移動させるのだ。武器も荷物も手にすることなく。彼しか知らない兵站術に従って。人々にわかるのは、国境を越えると、意味の巨大な諸単位は類似した塊としておおよそのところ再結集するということだけだ。すなわち、作品は傷ついていないのである。

だが、語はどうだろうか？　すなわち、他のどこでもないある時点において生起し、書物の一枚の他のどこでもないある領域に積もった微かな出来事としての語のことである。我々がそこで語っている厳格な連鎖のうえで、併置と継起によって形作られている語はどうなのだろうか？

逐語訳であったとしても、我々の翻訳はそうした語を考慮することができない。というのも翻訳は、諸言語の単一平面のうえで作品を横に滑らせるからであり、横方向のものだからである。(7)

フーコーによれば、伝統的な翻訳は、一方のページに書かれた原文の「意味の群れ」を、その横のページに置かれた訳文に類似した形で水平方向に移動させるものである。翻訳者の目的はあくまで「意味」を保つものであり、その目的のためには原文に書きつけられた「語（mot）」、一度限りの「出来事」としての「語」は犠牲にされずにはいない。フーコーが「不法越境させる者（passeur）」という否定的な表現を翻訳者に与えているのは、その点に由来している。

こうした「横方向」の翻訳に対して、フーコーはクロソウスキーの翻訳を「垂直的（verticale）」なものとして対照的に論じている。

> ピエール・クロソウスキーは、『アエネーイス』の垂直的翻訳を最近出版した。逐語であることがあたかもラテン語のフランス語への垂直的投射であるかのような翻訳である。それは「隣り合った」線状性ではなく、「上方」線状性という形象に従っている。〔…〕アエネーイスのように、それぞれの語は、自身の生まれつきの神々と生誕の聖地を伴って移動している。それぞれの語は、ラテン語の詩句からフランス語の行へと落ちてくる。あたかも、語がもつ意味作用が、語の占めている場所とは切り離せないかのように。その語が言うべきことを言うことができるのは、まさに詩の運命と賽が語を投じたその地点のみであるかのように。(8)

フーコーによれば、クロソウスキーの訳業は、「逐語」的であることによって、ラテン語をフランス語に「水平移動」させる伝統的翻訳とは異なり、ラテン語をフランス語へと「垂直的投射」

するものとなっている。そしてそれによって原文の語は「生まれつきの神々と生誕の聖地を伴って」、すなわち原文における位置を保ったまま、フランス語の統辞法に従属することのないままにフランス語訳文のなかへと「落ちてくる」ことになるのである。

こうしたフーコーの議論は、ウェルギリウスの原文とクロソウスキーの訳文を比較することによって明瞭なものとなるだろう。フーコー自身が引用しているとおり、(9)『アエネーイス』第一歌冒頭を、クロソウスキーは次のように訳している。

Les armes je célèbre et l'homme qui le premier des Troyennes
rives
en Italie, par la fatalité fugitif, est venue au Lavinien
littoral ;〔…〕(10)

該当箇所は、ウェルギリウスの原文では次のようになっている。

Arma uirumque cano, Troiae qui primus ab oris
Italiam fato profugus Lauiniaque uenit
litora,〔…〕(11)

大森晋輔が指摘するように、ここで注目すべきは、クロソウスキーがラテン語の語順を尊重するために、原文に存在する « Arma »« Italiam »« litora » などの行頭語を、フランス語訳文でも同一の箇所に配置していることである。[12] このため、クロソウスキーの『アエネーイス』では、それに先立つ「水平的」翻訳[13]とは異なり、「意味」のために「語」が犠牲にされることはなく、「語」が原文の位置を保ったまま「垂直」に訳文へと投影されるに至っているのである。[14] フーコーの「垂直的」翻訳という言葉は、こうしたクロソウスキーの翻訳の特性を簡潔に表現したものであるということができるだろう。

二　暴力としての翻訳

こうしてクロソウスキーの翻訳の特徴を指摘したうえで、フーコーは「水平的」「垂直的」という二種類の対照的な翻訳を、次のようにも言い換えている。

翻訳には二種類あることを認める必要がある。それらは機能も本質も異なっている。ひとつめの翻訳とは、同一であり続けねばならないもの（意味、美的価値）を他の言語に移し替えるものだ。こうした翻訳は、「類似から同一に」達したとき、よい翻訳とされる。そして一方では、ある言語をもうひとつの言語に投げかけ、それらの衝突に立ちあい、その投射を確かめ、入射角を計測するような翻訳が存在する。そうした翻訳は起点テクストを弾丸とみなし、目標言語を的として扱う。その務めは、他の場所で生まれた意味を自分自身に立ち還らせることにあるのではなく、翻訳元の言語によって、翻訳先の言語を道に迷わせることなのである。

フランス語散文の連続性は、ヘルダーリンの詩的散逸によって切り刻むことが可能である。同じようにフランス語の配列は、ウェルギリウスの詩句の行進や儀式を押し付けることによって破裂させることができるのだ。[15]

ここでフーコーは、クロソウスキーの場合がそうであるような「垂直的」翻訳を、起点テクストを「弾丸（projectile）」、目標言語を「的（cible）」としたうえで、弾丸によって的を射抜き、後者を「道に迷わせる（dérouter）」ものであるとしている。そしてそうした翻訳によって、フランス語の配列を「破裂させる（faire éclater）」ことが可能なのだとする。この箇所でフーコーが「弾丸」「的」「破裂」といった表現を用いていることは注目に値しよう。つまりフーコーは、こうした表現によって「垂直的」翻訳がもつある種の「暴力性」を強調しているといえるからである。「垂直的」翻訳の「暴力性」というこの問題は、次の箇所においてよりはっきりと示されている。

我々の言語の岸をずたずたに切り裂いたこのような広い湾のなかで、『アエネーイス』それ自体が煌めいている。撒き散らすとともに再度呼び集めた語のなかで、『アエネーイス』は捕らえがたい狩の女神として存在している。すなわち、別のところでクロソウスキーが語った水浴するディアーナとして、裸体であったところ不意を突かれ、水に潜り、激昂して犬をけしかけ、自らの視線を鎮めておくことができなかった不埒な男を食いちぎらせたアルテミスとして。『アエネーイス』は、愛をこめながら散文を切り裂く。散文は『アエネーイス』を追い求めながらも、「かくも不吉な欲望」のなかで『アエネーイス』に身を捧げているのである。(16)

ここでフーコーは、ギリシア・ローマ神話におけるアルテミス／ディアーナという形象に『アエネーイス』のラテン語原文を擬《なぞら》えている。とりわけここで暗示されているのは、ギリシア・ローマ神話における女神アルテミスとアクタイオーンの逸話である。アクタイオーンは、猟をしているさなかに水浴しているアルテミスに遭遇し、その裸体を見たがためにアルテミスの怒りを買い、鹿に姿を変えられたうえで自身の飼っていた猟犬によって噛み殺されてしまう。フーコーがこの逸話に仮託しているもの、それはラテン語という言語で書かれた『アエネーイス』＝アルテミスが、フランス語という翻訳先の言語＝アクタイオーンを「切り裂く」という暴力、起点テクストが目標言語にふるう暴力の様態に他ならない。この引用に続く箇所で、フーコーはウェルギリウスの『アエネーイス』がクロソウスキーのテクストに対して占める役割を、マラルメにおいて偶然が占めている役割に擬えながら、「死をもたらす役割（rôle meurtrier）」と呼んでいる。[17]起点テクストの暴力、それは目標言語を死にまで至らしめる、そうした暴力なのである。

三　シミュラークルとしての翻訳／侵犯としての翻訳

前述の引用にみられるようなアルテミスとアクタイオーンに対する言及は、暗黙のうちに「血を流す言葉」以外のテクストを指し示している。「血を流す言葉」と同年の一九六四年に発表されたクロソウスキー論、まさにアクタイオーンの名をその表題とした「アクタイオーンの散文」である。これら二つのテクストに密接な関係があることは、「血を流す言葉」の末尾における次の箇所にも明瞭に見て取ることができる。

このようなウェルギリウスの分身は、我々自身の言語の分身でもある。しかしその分身は、我々の言語を引き裂き、我々の言語をそれ自身へと立ち還らせるものなのだ。破壊者である分身というこの形象は、クロソウスキーにとっておなじみのものである。というのも、それは作家としての彼の作品においてすでに支配的なものだったからだ。分身はロベルト三部作を通じて、現存することを止めたことは絶えてなかったのである。

そして今や、ダンテの案内人であったウェルギリウスが、我々の言語の「プロンプター」となるのである。彼は我々の最古の語順を告げる。時の彼方で、彼は煌めくような吐息によって、我々の目の前で我々の散文を規定するとともに撒き散らすのだ。[18]

ここで「ロベルト三部作」と呼ばれているものは、別々の時期に書かれた三つの小説を統合した作品『歓待の掟』に対して与えられた通称である。[19] また「プロンプター」という語は、『歓待の掟』を構成する作品のひとつ、『プロンプター』（一九六〇年）を示唆している。このように、「血を流す言葉」には「アクタイオーンの散文」への暗示をそこかしこに見出すことができるのだが、両テクストはいかなる点で関連しているのだろうか。

ここで重要となるのが、「シミュラークル」の概念である。「シミュラークル」とは一般的には「真似事」「模造」と訳される語だが、いうまでもなくクロソウスキーの全作品――『ニーチェと悪循環』のような哲学的テクストから『歓待の掟』のような文学的テクストに至るまで――に通底する重要な概念である。フーコーは「アクタイオーンの散文」においてこの「シミュラークル」に着目し、前述した『歓待の掟』のみならず、アルテミスとアクタイオーンを題材とした作品である『ディアーナの水浴』[20] に至るクロソウスキーの作品世界の全域にわたって、「シミュラークル」の目眩《めくるめ》くような様態を見出そうと努めている。フーコーはそのなかで、「シミュラークル」の概念がクロソウスキーにおいて占める広大な拡がりを、次のように要約している。

そして、クロソウスキーが彼の言葉のうちで描き出し動かしている諸形象はすべてシミュラークルなのだから、この語は我々が目下のところそれに与えることができる反響のうちで聞き取られねばならない。すなわち、空虚なイマージュ（現実と対立するものとして）。なんらかの事物の表象（それらの事物がそのうちで代理され、姿を現すのだが、同時に退却しある意味で姿を隠すもの）。ある記号をべつの記号と取り違えさせる嘘。ある神性が現在する記号（また逆にいえばこの記号をそれとは反対の記号と取り違える可能性）。「同」と「他」の同時的な到来 venue simultanée（simuler とは、本来一緒に来ることをいう）。こうして、クロソウスキーに固有の、驚くほど豊かな布置が打ち立てられる。シミュラークル、相似、同時性、シミュレーション、そして隠蔽である。(21)

このように論じたうえで、フーコーが特権的な地位を与え、「そこからシミュラークルが我々のもとに到来する、輝かしくもあり我々にとっては闇に包まれている」(22)作品とするもの、それがまさに「血を流す言葉」と直接に関連するクロソウスキーの作品、『ディアーナの水浴』なのである。

「アクタイオーンの散文」におけるディアーナとアクタイオーンの関係は、「血を流す言葉」の場合とは少し異なり、クロソウスキーの『ディアーナの水浴』を直接典拠としている点で複雑化されている。というのも、『ディアーナの水浴』において、クロソウスキーは両者のあいだに、神と人間の仲介者である「ダイモーン（Démon）」を介在させ、ディアーナが現実世界に顕現するための「シミュラークル」として、またアクタイオーンにディアーナに対する欲望を吹き込む者として、この「ダイモーン」を活躍させているからである。この三者の織りなす関係を、フーコーは以下のように整理している。

とはいえ、はるか昔の伝説、隔たりの神話（裸の神に近づこうとし、罰を受けた男）の解釈に捧げられたこのテクストにおいて、捧げものは最も近くに存在する。そこで身体は、若く、美しく、無垢なままである。それらの身体は、一方から他方へと完全に確信しながら逃げ去ってゆく。というのもシミュラークルは、煌めくような新鮮さをいまだ保ちながら、記号の謎に訴えることなく与えられているからだ。そこにおいて幻影は、起源の光に照らされた外見を迎え入れることにある。しかしその起源とは、それ自身の動きによって、手の届かない彼方へと退却する。水浴するディアーナ、視線に差し出されたその瞬間に水のなかに姿を隠す女神、それはギリシャの神々をさす迂言であるのみではない。それは神的なものの無垢な統一性が「その神性を処女としての身体に反映させ」る瞬間であり、それによってひとりのダイモーンのうちに二重化されるのである。ダイモーンは彼女から距離を取りながらも、穢れなき存在として彼女を出現させ、また一方で雄山羊の暴力へと彼女を差し出すのだ。(23)

ここで「起源」という言葉が現れているとおり、フーコーはクロソウスキーの「シミュラークル」を、「起源」という概念の問題化──一九七一年のテクスト「ニーチェ・系譜学・歴史」に典型的なように、それはフーコーにおいて一貫した姿勢だといえる──に力点を置いて論じている。美しく無垢な裸体をさらけ出すディアーナ、それは神的なものの「起源」が肉体を纏って顕現したものであるかのように見える。しかしそれは前述のとおり「ダイモーン」によって「二重化」された「シミュラークル」にすぎず、その意味において「起源」は近くにありながらも「手の届かない彼方へと退却する」ものに他ならないのである。

そしてフーコーは、このように「シミュラークル」でしかないディアーナを欲望し、彼女を所有しようとし、そのために死に至ることになったアクタイオーンを、クロソウスキーの言語それ自体に擬える。曰く、「クロソウスキーの言語、それはアクタイオーンの散文──すなわち、侵犯のパロールなのである」(24)。「アクタイオーンの散文」というこのテクストの表題は、ここに由来している。「シミュラークル」を言い表そうとする言語、あるいはまたそのことによって、それ自体がシミュラークルとなった言語、それこそがクロソウスキーにおける言語の姿なのだと、フーコーは考えているのである。

ここまで辿ってきたような「シミュラークル」についての議論は、一見したところ「血を流す言葉」においては明示的ではない。実際、「血を流す言葉」には「シミュラークル」という語が現れることはないのである。しかし、前述したアルテミス／アクタイオーンの形象がいずれのテクストにも登場することは、両者を次のように重ね合わせて読むことを可能にしてくれるだろう。すなわち、アルテミスあるいはディアーナ――これはウェルギリウスの原テクストであり「起源」を意味している。それに対してアクタイオーン――これはクロソウスキーによるフランス語の翻訳文であり、またクロソウスキーの言語そのものでもある。

それでは、「ダイモーン」は何に相当するのか。「アクタイオーンの散文」においてダイモーンが「神と人間」、アルテミスとアクタイオーンの仲介者とされていることから考えるならば、起源としてのウェルギリウスとフランス語の翻訳文をつなぐ存在は一人しか存在しない。まさに訳者であるクロソウスキーその人である。

そして「ダイモーン」が化身する「身体」、それはウェルギリウスの語句がそれぞれ置き換えられる依り代としての、フランス語の語が該当するだろう。彼は「ダイモーン」がそうであるように、「起源」であるウェルギリウスのテクストにフランス語の語句という「身体」を与え、またフランス語の実際の翻訳文に「原文への尊重」という欲望を吹き込む。しかし、「身体」があくまで「シミュラークル」にすぎない以上、原文をめがけて手を伸ばすクロソウスキーの言語、侵犯の言語であり、それ自体がシミュラークルである言語は、決して「起源」に触れることができず、女神の怒りによって死を余儀なくされるのである。
こうした解釈は、「血を流す言葉」のテクスト自体のうちにその証左を見出すことができる。アルテミス＝ウェルギリウスのテクストが決して到達しえない「起源」であるという点は、前述の引用においてアルテミスが「捕らえがたい狩の女神」とされていることと関係している。また同じ引用で、アルテミスが「撒き散らすとともに再度呼び集めた語のなか」に存在するとされていることは、アルテミスがフランス語の「語」というシミュラークルの形をとって顕現するものであることを示しているといえよう。そうした「語」がシミュラークルであるという点について、フーコーは次のように述べている。

〔…〕翻訳では、ふつう（それはひとつの選択以外のものではないのだが）統辞法の配列が可能な限り厳密に複写される。しかし、空間の秩序は消滅するままにされる。あたかもそのような秩序など、ラテン人にはかりそめの遊戯にすぎなかったかのように。
クロソウスキーはその逆をいく危険を冒す。あるいはむしろ、彼はかつて一度もなされなかったようなことをしようとするのだ。すなわち、統辞法に欠くことのできない網目をかすかに後退させつつ、決して破壊はしないように保ちながら、場所の詩的配列を目に見えるとおりに維持することを。

こうして、まさしく「言語的風土」の詩学が現れる。語はそれぞれウェルギリウスのレリーフから離れ、同じ武器、姿勢、身振りを保ちつつ、同じ戦いを行うために、フランス語のテクストの中に到来するのだ。というのも、叙事詩の線的展開においては、それぞれの言葉は自身が語ることだけに満足することがないからである。それらの語は、衝突や拡散、出会いによって、冒険の「分身」を形作りながら、語ることを模倣するのである。(25)

この引用の最終段落においては、それぞれの語が「自身が語ることだけに満足する」、すなわち自らとは恣意的な関係しかもたないある意味を指示するだけに留まるのではなく、「語ることを模倣する」のだとされている。「模倣する」という語、あるいはそれに先立つ「分身」という語は、「アクタイオーンの散文」においても頻出するものであり、すぐれて「シミュラークル」の領域に属するものだということができよう。

そしてまた、ウェルギリウスの原作という「起源」と翻訳との関係について、フーコーは次のようにも述べている。

このような種類の翻訳は、作品の陰画であるに値する。そうした翻訳は、作品を受容した側の言語に穿たれた、作品の痕跡なのだ。そうした翻訳が産み出すのは、作品の転写物でも等価物でもない。作品が実際に存在することがはじめて疑いのないものとなるような、空虚な跡なのである。(26)

「このような種類の翻訳」はクロソウスキーの「垂直的」翻訳を、「作品」はウェルギリウスの原作を表している。フーコーによれば原作は、翻訳において「陰画（négatif）」として、「空虚な跡（marque vide）」として存在する。原作がフランス語の語句という依り代に姿を借り、そうした語句の集合である翻訳文のなかに落ちてくることによってはじめて、「翻訳」は存在し、また我々が接近しうるものとしてのウェルギリウスの作品は存在することになる。しかしそうした「翻訳」はあくまで原作の「空虚な跡」が刻まれたものにすぎず、「起源」である原作それ自体は不在のまま、接近しえないままに留まるのである。

このように、「アクタイオーンの散文」を経由したとき、「血を流す言葉」で展開されるフーコーの翻訳論を、次のように言い表すことができるだろう。翻訳、それはシミュラークルであり、また侵犯なのだと。シミュラークルである、というのもウェルギリウスのテクストが顕現するところのフランス語の語句はラテン語のそれのシミュラークルにすぎず、また翻訳文はそれ自体ウェルギリウスの作品のシミュラークルにすぎないからである。それはまた侵犯でもある、というのも起源であるウェルギリウスのテクストには「シミュラークル」である翻訳文は決して到達しえないにも拘らず、「垂直的」翻訳という手段によってその起源に少しでも接近しようとするからである。本章第二節で指摘したとおり、フーコーにとって「垂直的」翻訳とは、起点言語が目標言語に加える「暴力」である。しかし視点を逆にするならば、それは目標言語＝クロソウスキーの言語の側から起点言語への「侵犯」でもあり、またそうした「侵犯」は起点言語と完全に等価なものとはなりえない以上、「シミュラークル」でもある。「暴力」「侵犯」「シミュラークル」がこのように結びついていることが、フーコーの翻訳論の特徴であると総括することができるだろう。

おわりに

「シミュラークル」であり「侵犯」である言語、そしてそれにより死に至る「暴力」に晒される言語というこうした連関は、主として一九六〇年代に執筆されたフーコーの文学論の読者にとっては馴染みのものである。一九六三年の「侵犯への序文」や「隔たり・アスペクト・起源」あるいは『レーモン・ルーセル』、一九六四年の「言語の無限反復」、一九六六年の「外の思考」、そして『言葉と物』は、いずれも「侵犯」「起源」「シミュラークル」「死」などをその主旋律としている。その意味において、「血を流す言葉」はこれらのテクストと同一の言葉で語っている、これらのテクストに「翻訳可能」なものであるといえるかもしれない。しかし同時に、「血を流す言葉」は、「翻訳」というフーコーにとっては稀なものである対象に焦点を絞り、そこから上述の問題に切り込んでいったというまさにその点において、同時代の文学論には容易に「翻訳」

しがたい、唯一無二の立場を占めたものであるということができるのではないだろうか。

こうして本章では、「血を流す言葉」を「アクタイオーンの散文」と重ね合わせて読むことを通じて、その特異性を考究してきた。フーコーの六〇年代文学論には、「血を流す言葉」にもまして ユニークなテクストが存在する。それが、フーコーが生涯にわたって愛情を注いだ作家であるレーモン・ルーセルに捧げたモノグラフィー、『レーモン・ルーセル』である。次章では、この著作に注目したい。

第四章　フーコーはいかにしてレーモン・ルーセルを読んだか

はじめに

一九六三年、フーコーは『レーモン・ルーセル』を刊行した。生前は世に認められず、パレルモのホテルで謎の死を遂げた、一人の特異な作家に捧げられたモノグラフィーである。フーコーはその晩年にあたる一九八三年に行われた、ルーセル研究者チャールズ・ルアズとの対談のなかで、この著作について次のように語っている。

レーモン・ルーセルについての私の本とルーセル本人に対して私が持っている関係は、本当に何というかとても個人的なもの（quelque chose de très personnel）であり、私にとってもよい思い出を残してくれたものでした。私の作品のなかで、それは例外的な本（un livre à part）なのです。私がルーセルに関する本を書いたのは、狂気について本を書いていたからだとか、セクシュアリティの歴史について本を書くつもりだったからだとか、そういうふうに説明する人は誰一人としていませんでしたが、そのことに私はとても満足しています。誰一人この本には注意を払わなかったことに、とても満足しているのです。その本は私の隠れ家（ma maison secrète）であり、何度かの夏のあいだ続いた愛の物語（une histoire d'amour）なのです。誰もそんなことは知りませんでした。(1)

フーコーがここで『レーモン・ルーセル』に与えている「例外的な本」「私の隠れ家」という呼称は、いずれもこの著作が、彼の一連の作品とは切り離された、唯一無二のものであることを強調している。そして「狂気」や「セクシュアリティ」といった、彼の主要著作を一貫している主題との関連のもとに『レーモン・ルーセル』を論じる者がこれまで存在しなかったことを、フーコーは「とても満足している」と言祝いでいる。フーコーは、『レーモン・ルーセル』が解釈の対象となるのを厭い、彼自身にとって「個人的」なもののままに留まり続けることを願望しているかのようである。(2)

実際、「例外的な本」というフーコーの言葉に違わず、『レーモン・ルーセル』はフーコーの全作品のなかで、きわめて位置づけの難しい、謎めいた立場を占めている。この著作でフーコーは、あくまでルーセルの文学作品を仔細に「読む」ことに専心しており、そこには『狂気の歴史』から『性の歴史』に至るフーコーの主要著作を貫いているような、考古学的あるいは系譜学的な歴史分析は——少なくとも表面的には——不在だからである。

しかしその一方で、『レーモン・ルーセル』は、フーコーの他の著作との連関を示唆するような内容に富んでいる。『臨床医学の誕生』『知の考古学』を思わせる、「言語」「まなざし」「死」の主題や、「言表（énoncé）の稀少性」の主題が、そこでは扱われているのである。主題面では他の著作と明らかな共通点がみられるにも拘らず、フーコー自身の手によって「例外的」な書物としてそこから切断されている——この点に、『レーモン・ルーセル』を読み、論じるうえでの特有の困難さが由来している。

この困難さに使嗾《しそう》されてだろうか、「例外的」で「個人的」な書物に留めたいというフーコーの願望に背くかのように、『レーモン・ルーセル』は現在に至るまで活発な議論の対象とされてきた。「可視性（le visible）」と「言表可能性（l'énonçable）」という観点に立脚したドゥルーズの著作をはじめとして[3]、これらの研究では、「狂気」や「人間学批判」の問題系から「考古学」「系譜学」の構想へと至る、六〇年代のフーコーの哲学的変遷のなかに文学論を位置づけたうえで、『レーモン・ルーセル』をその一例として分析するという手続きが多くの場合採られている。そうした先行研究によって、我々はフーコーのルーセル論において登場する様々な主題が同時代の文学論や哲学的議論に対してもっている相互関係について、明瞭な見取り図を手にすることができるようになっている(4)。

それでも、次のような疑問が残ることは禁じえない。――なるほど、これらの精力的な研究がいずれも、『レーモン・ルーセル』が秘めている謎を解明することに大きく寄与していることは確かである。だが、謎は果たしてそれだけなのだろうか？　なによりこれらの研究は、その解明の身振りそれ自体によって、『レーモン・ルーセル』がフーコーにとってかくも「例外的」で「個人的」なものであったその理由はなぜかという、根本的な謎を掩蔽《えんぺい》しているのではないか？

それでは、いかなる点に『レーモン・ルーセル』の「例外」性と「個人」性を求めるべきなのか。この点について、フーコーが前述の対談のなかで、ルアズと次のような問答を交わしていることは注目に値しよう。

――この本には、ある種の文体面での飛躍、修辞的な遊びが、各章のあいだに存在しています。この研究が異色なのは、主題（sujet）においてのみならず、エクリチュールへのあなたのアプローチ（votre approche de l'écriture）という点においても同様なのではないでしょうか？

――ええ。私が最もたやすく、楽しみながら、そして素早く書いたのは、断然この本です。なぜかといえば、いつもなら私はとてもゆっくり書きますし、絶え間なく書き改め、過剰なものを増やしてしまうものですから。この本を読むのは、かなり複雑なことなのではないかと想像します。というのも、自ら望んでものを書くときに、いくらかひねった書き方をしてしまい、あとで簡略化を余儀なくされるような著述家に、私は属しているためです。他の書物についていえば、良かれ悪しかれ、なんらかのタイプの分析を用いて、なんらかの流儀で書くように試みています。結局のところ、その本は、はるかに自発的で準備されたものだったのです。(5)

ここでルアズは、「主題」だけではなく、「エクリチュールへのアプローチ」にも『レーモン・ルーセル』の独自性があるのではないか、という重要な問いを発している。そしてフーコーはその問いを肯定したうえで、そのアプローチの一端を明らかにしている。曰く、『レーモン・ルーセル』には、いつもと異なり「過剰なもの」が付け加えられていない。またそこでは、「ひねった書き方」がなされている。そしてまた、それは他の書物と異なり、「なんらかのタイプの分析」を用いて書かれたものではない。

まさにこの点――「主題」ではなく「エクリチュールへのアプローチ」に対する視点こそ、ほとんどの『レーモン・ルーセル』論に欠けていたものなのではないか。「主題」、すなわち『レーモン・ルーセル』に「何が」書かれているかについては、これまで多くの頁が割かれてきた。しかし問うべきは、「アプローチ」、すなわち「いかにして」書かれているか、という側面なのではないだろうか。

フーコーが『レーモン・ルーセル』を「いかにして」書いたかを問うこと、それはまた、フーコーがルーセルを「いかにして」読んだか、というその「読み方」を問うことと切り離せない。(6)「いかにして」フーコーはルーセルを読み／書いたのか——本章では、この観点から『レーモン・ルーセル』を読み解き、この著作がフーコーにとって「例外的」で「個人的」なものであった理由を探ることを目的としたい。

第一節では、『レーモン・ルーセル』の独自の構成と、そこで試みられているフーコーの「エクリチュール」へのアプローチ」に注目することを通じて、その「例外的な本」としての性格を明らかにする。続く第二節では、『レーモン・ルーセル』とルーセル本人に対するフーコーの関係が「個人的なもの」であるとみなされている理由を、フーコーのテクストに刻み込まれている「主観」的な側面や、「モノグラフィー」としての特性に留意することで考察する。

一　『レーモン・ルーセル』と円環

まずは議論の前提として、『レーモン・ルーセル』各章の構成と、それぞれの章で中心的に扱われるルーセルの作品を確認しておこう。(なお、各章表題の日本語訳は豊崎光一によるものを踏襲している。）

第一章「閾と鍵」（Le Seuil et la Clef）――『私はいかにしてある種の本を書いたか』

第二章「撞球台のクッション」（Les Bandes du Billard）

――『つまはじき』『代役』などの初期作品

第三章「韻と理」（Rime et Raison）――『アフリカの印象』

第四章「水受板、鉱脈、水晶」（Aubes, Mine, Cristal）――『ロクス・ソルス』『わが魂』

第五章「変身と迷宮」（La Métamorphose et la Labyrinthe）

――『アフリカの印象』『ロクス・ソルス』

第六章「ものの表面」（La Surface des Choses）

――『眺め』『演奏会』『泉』など、「手法」外の作品

第七章「空のレンズ」（La Lentille Vide）――『新アフリカの印象』

第八章「閉じこめられた太陽」（Le Soleil Enfermé）

一見したところ、こうした構成は奇妙で混沌とした印象を与える。一般的なモノグラフィーの作法とは異なり、ここでは作品の執筆年代順に考察を進めるという手続きがとられてはいない。また同一の作品が、別の章をはさんで複数の章で間歇的に論じられている。「序論」や「結論」に

直接相当する章も見当たらない。それだけではなく、第八章ではそれまでの論述形式の文体から、突如として二人の人物による対話形式へと切り替わってしまう。このような構成の異形さは、『狂気の歴史』や『言葉と物』などの主要著作にはみられない、『レーモン・ルーセル』特有の性質である。

あたかもこのことは、『レーモン・ルーセル』が他の著作のようには「なんらかのタイプの分析」を用いて書いたものではないという、前述したインタビューでのフーコーの発言を裏打ちしているかのようである。しかし、ここに「分析」の不在のみをみるべきだろうか。この点に関して、フーコーは『レーモン・ルーセル』第三章の冒頭で、次のような注目すべき記述を残している。

> 私は、びっこを引きながら（en boitant）自分が進んでいることはわかっている。こうした初期の試みを説明するために、将来手法がとる形態に支えを求めたり、『代役』を飛び越えたりしながら。ルーセルが禁じているにも拘らず、そうした方向を眺めなかったというわけではない。（一方で、円環（cercle）を完成させねばならないであろう時のために、私はその分析を最後にとっておくのだ。）(7)

ここで重要なのは、後半の箇所で述べられている「円環」である。実際、『レーモン・ルーセル』

という テクストに、「円環」という主題は充満している。「二重化」「分身」「反復」「回帰」「同一性と差異」など、類似した主題を含めれば、『レーモン・ルーセル』はほとんど全頁にわたって、ルーセルの言語空間における「円環」について語り続けているとすらいえる。

しかし、「円環を完成させねばならないであろう時のため」というこの言葉は、『レーモン・ルーセル』というテクストが、たんに「主題」として円環について語るのみではなく、「円環」の形式のもとに書かれたものでもあることを告げているのではないか？

この観点に立ったとき、一見雑然とした構成をとっているようにみえた『レーモン・ルーセル』は、複数の「円環」によって構造化されているものとして立ち現れてくる。すなわち、ルーセルの全言語をふちどる大きな円環（第一章、第二章）、その大きな円環に内包された、いくつもの小さな円環（第三章―第七章）、そしていまひとつの円環（第八章）である。

第一の円環

第一章で、フーコーはルーセルが死後出版した著作『私はいかにしてある種の本を書いたか』を、その議論の出発点としている。この著作で、ルーセルは自身が『アフリカの印象』『ロクス・ソルス』などの作品を書く際に用いた「手法（procédé）」を詳らかにしている。

これによって、ルーセルの作品を解明する鍵が与えられたように思われるが、フーコーによればそれは「罠（piège）」だという。「手法」という鍵を手にしたことによって、読者はルーセルのテクストのすべてを――「手法」に基づいてはいないとルーセルが言明しているテクストに至るまで――そこに「手法」が秘められているのではないか、という疑念のもとに読むよう誘われることになる。こうした読解は終わることがなく、読者は「不安」に絶え間なく囚われることになる。(8) 創作の秘密を啓示するかのようにみえたルーセルの著作は、その「中心的な空白」を覆い隠しているのだ。(9)

こう述べたうえで、第二章の前半でフーコーは、「手法」の分析に手をつける。『私はいかにしてある種の本を書いたか』でルーセルが語っている「手法」には三種類のものがあるが、ここでフーコーは第一の手法に注目する。(10)

第一の「手法」とは、形態の面ではほとんど同一のものでありながら、全く異なる意味になる二つの文を設定したうえで、片方の文で始まりもう片方の文で終わるように物語を紡ぐ、というものである。短編『黒人たちのなかで』で使われた、次の二つの文がそれにあたる。

Les lettres du blanc sur les bandes du vieux billard
古びたビリヤード台のクッションに記された白い文字
→Les lettres du blanc sur les bandes du vieux pillard
老いた盗賊の一味についての白人の手紙

これらの文は、見てのとおりbillardの「b」とpillardの「p」との相違を除けば、同じ綴りである。しかし、その意味は全く異なっている。こうしたルーセルの「手法」に、フーコーは「名指すべき物よりも名指す語のほうが少ないという、言語の単純にして根源的な事実」[11]を見出しながらも、しかしこの言語の貧しさは同時に豊かなものであるとして、次のようにその「円環」的な性質について述べる。

その豊かな貧困さにおいて、もろもろの語は絶えることなくさらに遠くへと導き、自らのもとへ立ち戻らせる。それらの語は道を失わせ、再び自らを見出す。二重化を繰り返しながら地平線へと駆けてゆくが、完全な曲線を描いて出発点に回帰する。まさにこれこそ、煙に巻かれた招待客たちが認めたことにちがいない。彼らはビリヤード台のまわりをめぐり、もろもろの語による直線は、円環的道程（le trajet circulaire）にほかならないことを発見したのである。[12]

ここでフーコーが語っているような「円環」を、ルーセルの「手法」に見て取ることは容易だろう。それはあるひとつの文から出発するのだが、様々な物語を経て到着する文は、出発点とほとんど同一のものなのだ。

そのうえでフーコーは、ルーセルがごく若いころに書いた、いくつかの短編に注意を向ける。

『私はいかにしてある種の本を書いたか』が死後出版されて以降にはじめて公開されたこれらの作品をフーコーは重視し、次のように述べる。

あらゆる大作に先立って書かれ、死の瞬間に反復されたこれらの著作は、彼の出発点と到達点を一度に啓示し、ルーセルのすべての言語を枠で囲むことになるだろう。あたかも、いくつかの同音異義の文が、自分自身を組み立てた物語をとりまいているかのように。(13)

この箇所でフーコーは、ルーセルの「全言語」を、「手法」に擬えながらひとつの「円環」として捉える視点を打ちだしている。ルーセルの出発点である初期作品は、『アフリカの印象』などの作品を経て辿り着いたその「到達点」である「死後」の著作、『私はいかにしてある種の本を書いたか』とほとんど同一のものであるというのである。フーコーはとりわけ『つまはじき』を、「手法」を十全な形で先取りした唯一のテクストとして特権視し、そのうえで章の結論として次のように念を押す。ここでもやはり、ルーセルの自殺のようにも思える奇妙な死という事実を喚起させながら、フーコーはルーセルの言語を、「生」と「死」が一致する「円環」とみなすことを示唆している。

創生テクスト、胚珠状態のテクストはすでに、自らを反復することになる終わりを約束して

いるのだ。——この終わりは、自発的な死であり、最初の閾への回帰でもある。(14)

このように、第一章と第二章は、一見『私はいかにしてある種の本を書いたか』という「死後」の著作と、『つまはじき』という最初期の著作という対極的な作品を扱っているようでいながら、二つの章でひとつの大きな「円環」を描き出しているのである。

第二の円環

そして続く第三章以降、『つまはじき』と『私はいかにしてある種の本を書いたか』の中間の時期に書かれたルーセルの諸作品の分析に移ってゆく。それはあたかも、第一章と第二章で描かれた第一の円環のなかに、それよりも小さな円環を嵌めこんでいくかのようである。

フーコーはまず、ルーセルの作品に登場する奇妙な形象のうちに、「手法」と同形の円環を見出していく。『ロクス・ソルス』の機械(第四章)、『眺め』におけるペン軸(第六章)などは、その一例である。

それと同時に、執筆年代を別にした作品と作品のあいだにも円環が描かれている。『ロクス・ソルス』の機械はルーセルの初期作品『わが魂』における「魂の工場」の(第四章)、『ロクス・ソルス』『アフリカの印象』の諸形象は『眺め』におけるそれの(第六章)、そして『新アフリカの印象』は『アフリカの印象』の(第七章)、「反復」なのである。

フーコーはこうして次々に円環を描きながら、『つまはじき』から『私はいかにしてある種の本を書いたか』を隔てている距離を踏破していく。そして第七章において、円環の終着点――ルーセルの死と「手法」の開示――に最も近い作品である『新アフリカの印象』に到達し、かくして大小の円環は閉じられることになるのである。

このように考えた場合、『レーモン・ルーセル』の第一章から第七章に至る構成は、決して「なんらかのタイプの分析」が不在なものではなく、大きな円環を設定し、それを無数の小さな円環で埋めていく、そのプロセスを示したものとして捉えることができる。

ところで、こうしたプロセスは、まさにルーセルの「手法」――二つの言葉によって描かれた円環を埋めるようにして物語を紡ぐこと――を思わせるものではないか？『レーモン・ルーセル』のテクストが、あたかもルーセルを「模倣」するかのように書かれていることは、これまで幾人かの論者によって示唆されてきた(15)。

あたかもルーセルのように、フーコーのテクストが書かれているということ――テクストのレベルでルーセルの「模倣」が行われているこの点にこそ、『レーモン・ルーセル』を「例外的な本」たらしめている、最大の特徴を見出すことができるのではないだろうか(16)。

第三の円環

しかし、まだ第八章が残っている。前述のとおり、この終章はそれまでの記述とは全く異質なことに、二人の人物による対話形式で書かれている。

唐突なものにみえるこの対話の闖入は、しかりやはり「円環」をあらわすものなのではないだろうか。第七章までフーコーという「一人」の人物によって担われていたテクストの語り手が、ここでは「二人」の人物に分裂していることは、「二重化」「分身」あるいは「鏡」などの形象が『レーモン・ルーセル』のなかでまさに「手法」の似姿として論じられるものであることから考えれば、きわめて重要である。語り手が二人になること――これは、ルーセルが二つの文を併置することによってその言語世界の円環を開いたのと同様に、第七章で閉じた円環を、もういちど開く身振りを示しているのではないか。

この章は、その形式に限らず「主題」の面でも、先立つ章を反復している。ルーセルの作品と「死」の関係、その言語の自律性、事物に対する言葉の貧しさなどの主題がそれである。

そしてなによりも、この章の表題である「閉じこめられた太陽」の形象――これ自体第四章ですでに登場するものであり、(17) その意味で「反復」された形象であるが――自体が、この章がひとつの「円環」をなすものであることを告げているのではないだろうか。

一九六四年のテクスト「J=P・リシャールのマラルメ」のなかで、フーコーはこの点で示唆的な議論を行っている。リシャールの著作『マラルメの想像的宇宙』の書評として書かれたこのテクストのなかで、一見恣意的なものにみえるリシャールの著作は、「厳格な必然性」に従っているのだとして、フーコーは次のように論じている。

実際のところ、リシャールの分析は非常に厳格な必然性に従っている。これほどまでに連続的なこの書物の秘密とは、最後の部分で二重化されることである。最終章、「文学の形態と方法」は、先立つ九章の延長ではない。ある意味でそれは、先立つ章の反復、鏡像、小宇宙、類似しているとともに縮小された布置である。(18)

フーコーがここでリシャールの著作の最終章を指して語っていることは、まさに『レーモン・ルーセル』の第八章にも該当するのではないか。「小宇宙（microcosme）」――これもまた円環である――であるこの章は、第七章までに描かれた円環に隣接した、もうひとつの小さな円環であるといえるのではないだろうか。

二 『レーモン・ルーセル』における「個人的」なもの

前節では『レーモン・ルーセル』が三つの「円環」のもとに構成された書物であるという仮説に立脚し、議論を進めてきた。この点にこそ、フーコーが『レーモン・ルーセル』で試みた「エクリチュールへのアプローチ」の「例外」的な性格を見出すことができるだろう。

本章の冒頭で引用したとおり、フーコーは『レーモン・ルーセル』を「例外的な本」と位置づけるとともに、この著作とルーセルに対する自身の関係を「とても個人的なもの」と呼んでいる。本節では、さらに『レーモン・ルーセル』のテクストを仔細に検討することを通じて、その理由を考察したい。

痕跡としての「私」

前節で論じたとおり、『レーモン・ルーセル』の終章は、二人の人物の「対話体」という形式をとっている。こうした形式自体は、フーコーの「エクリチュールへのアプローチ」のなかで絶無のものではない。『レーモン・ルーセル』に先立つ一九六二年のテクスト「ルソーの『対話』への序文」(以下、「序文」と略記する)の結末で、やはり同様の二人の人物による対話形式がとられている。この作品は主題の面においても、「狂気」と「文学」の関係について論じられている点で『レーモン・ルーセル』第八章と共通している。

しかし、両テクストにおける対話の性質は、明確に異なっている。またその結末において、『レーモン・ルーセル』には、きわめて興味深い特徴がみられる。二つの対話の冒頭と結末を比較してみよう。

「序文」の冒頭部分は次のように始まる。

――では『対話』は狂人の作品ではないということですか？

――その質問は重要でしょうね、意味があればの話ですが。作品とは、その定義からして、非‐狂気です。

――ある作品の構造が、病の輪郭を露呈させることもありうるでしょう。

――その逆が真でないのは確かです。[19]

対話を交わす二人の人物には、どちらも名を与えられてはいない。しかしフーコーの見解は後者の人物とともにあることは疑いを容れない。ここでの対話は、ルソーの作品を病理学的に解釈しようとする前者を論駁するため、そして前者に仮託されている一般的な読者の謬見を正すため、フーコーが導入したものであるといえる。

こうした性格は、「序文」における対話を最後まで規定している。結びの対話を引用しよう。


――錯乱していたのはルソーであり、結果としてその言語全体も錯乱していたのです。

――われわれが話していたのは、作品についてですよ。

――ですが、ペンを手にして、自らの嘆きや誠実さ、苦悩を書き連ねていた、まさにその瞬間のルソーについては？

――それは心理学者の問題です。それゆえ、私の問題ではありません。[20]

ここでもやはり、あくまでもルソーの作品を心理学的次元に回収しようとする前者を、後者は「私の問題ではない」と言下に否定しきっている。

一方、『レーモン・ルーセル』第八章は、次の対話によって口火を切られる。

――あわれな病人だ、とジャネは言っていましたね。

――そんなのはただそれだけの言葉ですよ、それに心理学者の口から出た言葉です。(21)

ここで交わされている対話は、その冒頭部分にのみ視線を向けるならば、「序文」における対話と大差ないものに思えるかもしれない。「あわれな病人だ」という、ルーセルの主治医であったピエール・ジャネが残した言葉は、ルーセルの作品に病理学的な徴候をしか見ることのない立場を代表している。そうしたジャネの言葉を引用する第一の発話者に対して、第二の発話者は「ただそれだけの言葉」にすぎないと一蹴している。「序文」において、ルソーの作品を「狂人」によるものとみなす第一の発話者の質問を、第二の発話者が「意味がない」ものとして斥けているのと同形である。一見、『レーモン・ルーセル』においても、第二の発話者にフーコーの立場を見て取ることが可能なようである。

しかし以降、『レーモン・ルーセル』での対話は別の展開をみせる。次のやりとりを見てみよう。

――ルーセル本人がそんな意見に加担していなかったなら、実際こんな言葉は何の結果ももたらさなかったでしょうね。

――彼がその意見に同意したのは、自分の病とジャネの治療を思い出して、横道にそれただけのことです。昔のことに気を配りながらも、関心はそこにはないのですよ。彼が『不安から恍惚へ』を引用しているのは、遠い逸話的な文書としてのことです。死後の啓示に関する一人称の物語は、すでに三人称の人物と同じくらい冷淡です。本の計画や、ぎこちない言葉におそらくは刻まれている三人称の人物と……

――『いかにして私はある種の本を書いたか』で語っている「私」ですが、その「私」が発する文章の中心には、途方もない隔たりがあります。その隔たりが、「私」を「彼」と同じくらいに遠くに位置づけているのは間違いありません。おそらくは、それよりも遠くに。「私」と「彼」がまじりあう地帯に、自らの露呈が、これまでずっと語ってきて、つねに同一者であり続ける第三者を明るみに出す、そういった場所に。(22)

ここで第二の発話者は、ルーセル作品における「人称」の問題を提起する。それに対して第一の発話者は、その問題を引き受けたうえで、議論をさらに深めている。この対話は、「序文」のそれとは異なり、一方が他方を論駁するという性格のものではないのである。二人の発話者のうち、どちらがフーコーの立場を示しているのか、読者は宙吊りにされたまま、『レーモン・ルーセル』最終章の対話は続けられることになる。それはあたかも、ここで語られている「私」と「彼」とがまじりあう地帯において、交わされた対話であるかのようだ。

あるいはむしろ、二人の対話者はどちらもフーコーなのかもしれない。最終章においてフーコーは自らを「二重化」し、フーコーとフーコーのあいだで対話を行わせているのかもしれない。それはやはり、二つの似通った曲線が描く「円環」を思わせる。

円環が最後には閉じられるのと同じく、永遠に続くかのようなこの対話も、やがて終わりを迎えることになる。物に対する語の貧しさについて、自律的な言語の創始者としてのルーセルについて、長広舌をふるう一方の発話者に対して、もう一方の発話者が次のようにそっけなく答えることによって、この対話は締めくくられる。同時に『レーモン・ルーセル』というテクストは最後のページに至り、閉じられることになる。その終わりの言葉は、短いながらも衝撃的なものである。

——それであなたは自分を正当化できたと信じているのですね、これだけのページをかけて(23)……

ここで「これだけのページをかけて」自己を正当化したとされている人物――それは、この『レーモン・ルーセル』の著者フーコー以外には、絶対に存在しない。円環の出発点――この章の冒頭で二人の発話者に二重化されたフーコーが、円環を閉じるときになって、一人の人物として姿を現しているのである。それだけではない。ここで指し示されているフーコーは、『レーモン・ルーセル』というテクストの「著者」であるというその資格において、このテクストの「外部」にある実在の人物である。『レーモン・ルーセル』の第一章から第八章に至るまで、その「語り手」としてテクストの内部に留まっていたフーコーが、ここでは姿を現しているのだ。

さらにこの言葉は、非常にアイロニカルなものである。「これだけのページをかけて」すら、ルーセルについては論じきれていないという可能性を、この言葉は示唆しているからだ。フーコーはあたかも、円環を閉じるときになって、自らのルーセルの読み方を振り返り、その読みを完結したものとして差し出すことを躊躇しているかのようだ。『レーモン・ルーセル』の最後の円環は、きれいに閉じられることのないまま、読者のまえに残されているのである。

この結末から『レーモン・ルーセル』の先立つ章を回顧したとき、テクストの外部にあり、自らの読みに躊躇しているフーコーの姿を、そこかしこに見出すことができる。

第三章で、フーコーは『アフリカの印象』において、「手法」の文 « Les lettres du blanc sur les bandes du vieux billard » がいかに機能しているかを考察している。そこでフーコーは、この文字列のうち、« lettres » という文字のみがこの作品では利用されていないことに、注意を喚起する。

そのうえでフーコーは、作品のタイトル『アフリカの印象（*Impressions d'Afrique*）』[24]の « Impressions »（印象＝印刷）という言葉のうちに、« lettres » という言葉の陰画が見出せるという解釈を提示する。注目すべきは、そのあとでフーコーが次のように述べていることである。

私は、これが単なる仮定であることはすぐに認めよう。私の読み方（ma lecture）が主観的だからというのではない。この読み方は、語の自律的な戯れのなかに、実在しているのだ。しかし、おそらくルーセルは、この読み方をあらかじめ備えつけていたのではない。とはいうものの、言語を完全に思いのままにすることは決してできないということを、彼はよく知っていた。彼はまた、言語が、様々な反復や二重化によって、語る主体を欺くものだということも承知していたのだ。しかし、ずっと確かな点に話を移そう[25]。

ここでフーコーは、自らの読みが「主観的」なものである可能性を斥け、ルーセルにおける語の戯れのなかにその読みの根拠を求めようとしている。だがその立論は、「しかし（mais）」「とはいうものの（pourtant）」などの表現が続出するとおり、いかにも歯切れが悪いものである。結局、フーコーはこの読みを続けることなく、« billard » と « pillard » の機能に関する、別の論点に移ってしまう。自らの読みに躊躇するフーコーの姿が、ここでは「私（je）」という目立たない形で、痕跡のように刻み込まれているのである。本章の第一節冒頭ですでに引用した、「びっこを引きながら」進んでいることを認める「私」もまた、同様のものだといえよう。

のちの著作『知の考古学』の序文で、「おそらくは私と同様に、もはや顔を持たないために書いている者が一人ならずいます[26]」と述べているように、フーコーはその著作に「私」が露呈することを、つとめて避けてきた。その「私」が、ルーセルを論じた『レーモン・ルーセル』においては、目立たぬ形ながらも顔を覗かせているのである。この点にこそ、ルーセル本人と『レーモン・ルーセル』という著作に対してフーコーがもっていた関係が、「個人的なもの」であった証を見出すことができるのではないだろうか。

比類なきルーセル

ところで、『レーモン・ルーセル』の描き出した円環を辿り終えたとき、そこにはほとんど「不在」なものがあったことに気付かされる。それは、ルーセル以外の文学者、あるいは哲学者たちの名である。六〇年代にフーコーが著した文学論が、いずれのテクストも様々な人物名によって彩られていることを考慮すれば、『レーモン・ルーセル』の固有性はこの点においても際立っている。

実際、『レーモン・ルーセル』全体を俯瞰したとき、ルーセルと直接面識のあった人々（ピエール・ジャネやジュール・ヴェルヌ、ミシェル・レリス）またはルーセル論の著者（ジャン・フェリー）、それに加えて一八世紀の文法家デュマルセを例外とすれば、登場する人物はわずかにカフカ（およびその遺稿の管理人であるマックス・ブロート）とアルトーに留まる。しかもそれは、カフカの場合であれば第一章[27]、アルトーの場合は第八章[28]という「円環」の周辺部で、それぞれ一度ずつ名が挙げられるにすぎない。分析の中心をなす第二章から第七章において、われわれはひたすらルーセルの名のみを目にすることになるのである。

この不在は徹底しており、時として不自然な印象を与えかねないほどである。例えば第三章後半において、フーコーはルーセルの言葉を引きながら、「手法」と「偶然性」、そして「日常の言語」と「死」との関係について考察を展開している。

多くの読者が、ここでマラルメの名を想起することだろう。フーコー自身、一九六四年のテクスト「なぜレーモン・ルーセルの作品が再刊されるのか」では、ルーセルにおける想像力と偶然性の問題を論じる、まさに『レーモン・ルーセル』第三章と共通した文脈のなかで、ルーセルとマラルメを並置して次のように述べている。

〔…〕しかし、ルーセルの寄せ集めは、想像力の気まぐれでは全くない。彼が語るものの内部で、全能の力をもって築かれた、言語の偶然なのである。この偶然は、語と語のありそうもない出会いを、ディスクールに変える方法にほかならない。偶然に対する言語の関係を前にしたときのマラルメ的な大いなる不安が、ルーセルの作品の半分を駆り立てているのである。[29]

それにも拘らず、『レーモン・ルーセル』はマラルメの名には口を噤んでいる。マラルメだけではない。フーコーが『レーモン・ルーセル』以外のテクストやインタビューのなかで、ルーセルとともに名を挙げている数多の文学者たち——ブランショ、サド、ボルヘス、ブリッセなど——が、ここには一切不在なのである。

ここにもまた、フーコーにとって『レーモン・ルーセル』という著作およびルーセル本人との関係がかくも「個人的」であったことの、いまひとつの証を見出すことができるのではないか。ルアズとの対談でフーコーは、この点に関連した発言を残している。そこで彼は、『レーモン・ルーセル』以降、他の作家の研究に手を染めずにいたことに「とても満足している」という。なぜなら、もし他の作家に手を出してしまったら、それはルーセルに対して「不実を働いている」という印象、ルーセルを他の作家と同列に扱ってしまったという印象を、フーコー自身に抱かせてしまったにちがいないからだ(30)。これほどまでに、フーコーにとってルーセルは「比類ない」作家であったのである。

本章第一節の冒頭で述べたとおり、『レーモン・ルーセル』はモノグラフィーとして、異形の構成をとっている。しかし、ひたすらルーセルについてのみ語り続けるこのテクストは、まさに文字どおりの意味で、「モノ（単一の）グラフィー」と呼びうるのではないだろうか。

おわりに

以上のように、本章では、フーコーがルーセルを「いかにして」読み／書いたか、という点に着目し、その「エクリチュールへのアプローチ」の独自性を明らかにすることを通じて、フーコーにとって『レーモン・ルーセル』が「例外的」かつ「個人的」な著作である理由を探ってきた。

本章の冒頭で引用したとおり、晩年の対談において、フーコーは『レーモン・ルーセル』を「私の隠れ家」とも呼称している。フーコーの表現に擬えるならば、本章は、この「隠れ家」が「いかにして」形作られているかを問う試みであったということもできるだろう。第一節で論じたように、「隠れ家」は複数の「円環」からなる、唯一無二の「例外」的な形状を纏った棲家として設計されている。そして第二節での分析は、この隠れ家にルーセルとともに住まうフーコーの、「個人」としての顔貌を浮き彫りにするものであった。

同じ対談で、フーコーはこの「隠れ家」を、「愛の物語」とも言い換えている。「愛」という——フーコーにしては珍しく直截で、いささか陳腐でもある——言葉は、決して軽々しいものではない。本章でその一部を取り上げたように、『レーモン・ルーセル』が公刊された六〇年代、フーコーはルーセルの他にも数多の文学者を論じたテクストを発表している。ところが、七〇年代に入ると、フーコーは「文学」への失望を公言し、文学への言及を突如として控えるようになってしまう。それにも拘わらずルーセルは、その時々に応じて強調点を異としながらも、[31] 生涯を通じて変わることのないフーコーの愛情の対象であり続けたのである。晩年に行われた対談は、何よりもそのことを証明している。

「隠れ家」の住民であったフーコーが、この世を去ってすでに久しい。しかしこの隠れ家は、ルーセルに対するフーコーの並外れた「愛」を綴った、『レーモン・ルーセル』という一冊の「物語」として、我々の手許に残されている。この書物を紐解くたびに、我々はフーコーの「隠れ家」を、何度でも訪れることができるのである。

こうして、本書第三章、第四章では、同時代の他の文学批評家の議論には還元しがたい、フーコーの六〇年代文学論の特異性を探ってきた。「翻訳」という主題の特異性、そして『レーモン・ルーセル』という著作全体が持つ、「隠れ家」としての特異性がそれである。

しかし、と注意深い読者は言うことだろう。『レーモン・ルーセル』がフーコーにとって比類ない「隠れ家」であり、そこでは「エクリチュールへのアプローチ」においてもやはり比類ない試みが行われているのは確かかもしれない。しかし、フーコーに先立つロブ＝グリエら「ヌーヴォー・ロマン（新しい小説）」の作家たちや、フーコーに続くフィリップ・ソレルスやジュリア・クリステヴァなどの「テル・ケル」派もまたルーセルが切り開いた言語空間を文学批評のなかで称揚しているのであり、ルーセル研究が隆盛した現在の視点から振り返ったとき、フーコーのルーセル論それ自体の独自性は、いささか割り引いて考えなければならないのではないか？

こうした疑念はもっともであろう。実際、フーコーの六〇年代文学論を総体として眺めたとき、確かに扱われる対象である作家が多様であり、そこで展開される議論もまた「翻訳」がそうであるように多様であるとしても、マラルメであれクロソウスキーであれルーセルであれ、いずれも同時代の文学批評家によってすでに注目され、程度の差こそあれその「前衛」的な作風が称賛されていた作家たちであったことは事実である。特定の作家の作品に他に先駆けた「前衛」性を見出し、それを評価することが、二〇世紀の多くの文学批評家の一般的な身振りだったとするならば、フーコーもまたその身振りと論じる対象である作家と論じる主題とを批評家たちと共有しており、その意味において数多存在する文学批評家のうちの――卓越した存在でこそあれ――ひとりであったことは確かだろう。

しかし、六〇年代から七〇年代への境を越えて、フーコーの思索はさらなる変容を続ける。強調すべきは、それに伴い、かつては深甚たる熱意とともに語った「文学」もまた、変容を遂げることになるということである。そこで「文学」は、六〇年代にそうであった姿――端的にいえば、「前衛」的な作家たちの作品――から、どのように顔貌を変えることになるのか。そしてフーコーは、新たな形をとった「文学」に、いかなるアプローチを試みることになるのか。「文学批評家」としてのフーコーの独自性は、最終的にどこに求めるべきなのか。こうした問題に取り組むことが、本書第二部の目的となるだろう。

第二部　自己の変容、文学の変容——七〇年代以降の文学論

第一部でも幾度か触れたとおり、七〇年代初頭のフーコーは、対談やインタビューの機会をとらえて、自分はもはや文学への関心を喪失してしまったと打ち明けている。すでに取り上げた一九七〇年の「狂気・文学・社会」以外にも、一九七二年にパリにて行われ、翌年雑誌『海』に掲載されることになった蓮實重彥との対談「アルケオロジーからディナスティックへ」において、フーコーは六〇年代には魅力を感じていた文学に対して、今や次のような感慨を抱くようになったと率直に語っている。

反対に、作家たちからは、気づまりな思いをさせられることがずっと増えました。いずれにせよ、感動させられることはずっと稀なことになったのです。たとえそれが、プルーストやフロベールのような、偉大な作家であったとしてもそうです。かつて私は、フロベールの『聖アントワーヌの誘惑』や『ブヴァールとペキュシエ』について何事かを試みることを自分に課していました。そうするのが楽しかったものですから。しかし、こうした作家たちに心を捕まれることも揺さぶられることもなくなってしまったと言わざるをえません。それからというもの、私は文学という形式のもとで制度化されたエクリチュールに興味を失っていったのです。(1)

ここでフーコーは文学という「エクリチュール」への関心喪失を語っているが、それと裏腹に、七〇年代のフーコーは「非‐エクリチュール」的、「非‐言説」的な領域へとその関心を移行させていく。フーコーは七〇年代初頭から、GIP（監獄情報グループ）などの政治活動へと積極的に関与するようになるとともに、「権力」の問題を語る思想家へと自らのイメージを変容させる。一九七五年の『監獄の誕生』、一九七六年の『知への意志』はそうした思想的道程のさなかで生み出された著作である。

それゆえ、多くの研究は、「六〇年代末以降にフーコーは文学を放棄した」という命題を自明のものとみなし、その理由を考察することに尽力することとなった。本書序論でも述べたとおり、フィリップ・アルティエール、ジャン＝フランソワ・ベール、マチュー・ポット＝ボンヌヴィルらは、ジュディット・ルヴェルとともにフーコーの死後残された文学に関わるテクストを編纂し、二〇一三年には『大いなる異邦のもの』の表題のもとに出版しているが、共同で署名されたその「解題」において、上述の前提に立脚したうえでフーコーが文学から離れていった理由を次の三点に要約している。(2) 繰り返しを厭わず、ここでもう一度確認しておこう。

――六〇年代末以降のフーコーにおいて、文学がそうであるような言説的実践が、非言説的な実践に比して特権的なものではなくなっていくため。

――七〇年代初頭以降、フーコーはGIPのような政治的経験に関心を向けるようになる。そこでは「意思」「投企」「集団的次元への移行」そして「横断的主体化」が問題となるが、こうしたものは「文学」についての六〇年代フーコーの発想からは導くことはできないため。

――六〇年代フーコーが文学に仮託して語った「外」という形象が放棄されたため。

この指摘はいずれも説得的なものであり、本書はこれに異を唱えるものではない。それは、七〇年代以降のフーコーが辿った思想的道程を一瞥するだけで明らかである。フーコーは『監獄の誕生』において、いかに近代的主体が「規律訓練型権力（pouvoir disciplinaire）」と「知（savoir）」の結びつきによって「主体化＝従属化（assujetissement）」されたものかを論じたあと、『知への意志』では「生権力」の問題に取り組みつつ、権力と抵抗の二項関係を主張することで、抵抗の基盤としての「身体と快楽」を導き出す。(3)

しかし、こうした二項関係に立脚した議論は、多くの批判を呼ぶこととなった。権力のあるところ抵抗があるのなら、いかなる抵抗も権力を反映して、その内部で行われるにすぎず、そこに人間の自由は存在しないのではないか、という批判である。ロバート・ニコルズは著作『自由の世界――ハイデガー、フーコーと歴史的存在論の政治』において、この時期のフーコーの自由概念について、ビリヤードの例えを挙げ、衝突した玉が予期せぬ動きをしたとしても、その玉は自

由であるとはいえないのではないか、なぜなら玉の動きは力の諸関係の産物にすぎないのだから、と述べている。(4)

これ以降、フーコーはこうした批判に答える道を追求する。それは、ロバート・ニコルズや箱田徹がともに強調する、「統治性」および「導き（conduit）」の概念によってなされる。箱田は『フーコーの闘争』において、簡潔に、この過程を「後期フーコー思想における統治論の展開により、抵抗と権力は統治概念のもとで一元的に把握される」としている。(5)箱田によれば、後期フーコーにおいて権力とそれに抵抗する主体とは二項対立として把握されるべきではない。その主体は「自己の導きと他者の導きが交錯する、権力関係の戦略的場に身を置く」ものであり、「自己と他者の統治」を担う〈統治する主体〉こそが、権力と主体という二つの概念をともに基礎づけているのである。(6)

実際、一九七七年から一九七八年にかけての講義『安全・領土・人口』においては、初期キリスト教会の司牧権力による「人間の統治」に、近代的政治権力の起源があるとされ、一九八〇年の講演「主体性と真理」においては、キリスト教以前の「自己の技法」という統治のあり方も含むものとして、より一般化された統治概念が次のように語られることになる。

> 個人に対する他者からの働きかけが、その個人が自己を導くやり方に結びつく接点を「統治」と呼ぶことができるのではないでしょうか。〔…〕人を統治するとは、為政者が人々を

意のままに動くよう強制することではありません。統治とは、強制を行う技術と、自己が自己自身によって構築され、変形されるプロセスとのあいだに存在する、相補的な関係と抗争をともなう、つねに不安定な均衡状態だからです。(7)

この講演のタイトルにもあるとおり、「主体性」や「真理」の問題が後期フーコーにおいて「自由」の問題とならんで前面化するのはこのような統治概念の理解に基づいている。「自己が自己自身によって構築され、変形されるプロセス」こそが「主体性」および「主体化」の問題に相当するが、このような「主体化」が行われるうえでの、自己と他者に共通したレファレンスが、フーコーのいう「真理」にあたる。ある主体は、他者からの働きかけ（権力）を受けながらも、任意の真理に従って自己を導き変容させ、そのことを通じて他者をもまた導き変容させることを目指す。「主体」「権力」「真理」から構成されるこうした回路の全体をフーコーは「統治」と呼び、この回路を通じて新たな諸関係を創造する条件を「自由」、さらに、その自由に基づき新たな諸関係としての生の様式を創造することを「自由の実践」と銘打つのである。

「権力と抵抗」という閉じた二項対立とは異なり、ここでは統治の回路はつねに変容に向かって開かれ、変容を余儀なくされている。ある主体は常にすでにある権力関係のなかで、ある真理の担い手として構築されるのであり、その意味において権力関係の外部に出ることは不可能なのだが、しかし主体は自由である以上、つねに真理との関係において自己を変容させ、新たな権力関係を生み出すことが可能なのである。八〇年代のフーコーは「パレーシア」「真理のゲーム」「自己への配慮」「生存の美学」、そして「自己のエクリチュール」などの概念について語ることになるが、これらはすべて、「自己の変容」という問題意識に由来したものだということができる。

こうしてフーコーの七〇年代以降の足取りを辿ったとき、そこには六〇年代フーコーがかくも情熱的に語った「文学」が座を占める余地がないのは、一見明らかなようにみえる。しかし、ここではひとつの事実が盲点となっているように思われる。

それは、対談「アルケオロジーからディナスティックへ」において、フーコーが制度化された「文学」とは異なる言語、「文学」の近傍にありつつも「文学」の内側に取り込まれることのない言語について語っているという事実である。フーコーは、そうした言語への関心は失われるどころではなく、むしろ自らの関心の中心にあるものだと明言している。

それに対して、制度としてのエクリチュールを逃れるもの、匿名であり、日常的なディスクール、破砕と抑圧を被ったあらゆるパロール、制度からは拒絶され、時間からは遠ざけられたパロール、狂人たちが精神病院の奥底で話していたもの、プロレタリアートが階級として存在し、その意識をもつようになって以来、労働者たちが絶え間なく口にし、要求し、叫んでいたようなもの、こうした条件において話されることになったもの、つまり文学という制度の境界も、エクリチュールという制度の境界も決して越えることのなかった、儚いと同時に執拗でもある言語こそが、次第に私の関心を惹くようになってきたのです。[8]

この言葉どおり、七〇年代以降のフーコーのテクストには、制度としての文学やエクリチュールをそれたところにある「無名のディスクール」「日常的なパロール」が、あたかもマラルメやクロソウスキーらと入れ替わるかのように殺到することとなる。そうした「文学」としての制度化を逃れた言葉の群れは、次の三種に大別することができるだろう。

第一に、一九世紀に生きた両性具有者エルキュリーヌ・バルバンの遺書、おなじく一九世紀の尊属殺人者ピエール・リヴィエールの手記および裁判記録、そして一八世紀王政下で「封印状(lettre de cachet)」なるシステムのもとに闇に葬られることとなった人々の記録文書である。フーコーはこれら無名の「作者」たちに対して、『エルキュリーヌ・バルバン――通称アレクシナ・B』[9]『私、ピエール・リヴィエールは、母、妹、そして弟を絞め殺し……――一九世紀のある尊属殺人事件』[10]『家族の無秩序』[11]などの著作を共同執筆の形で捧げることになる。それによって、フーコーは彼らが残した言葉、決して「文学」とも「作品」ともみなされることはないであろう呟きを現代に蘇らせようとしたのである。その点において、これらの著作を、「文学未満」の言葉を対象にしたものと呼ぶことができるだろう。

第二に、「文学未満」とはいえぬまでも、「文学」として高く評価されることは稀な、いわゆる「大衆文学」や「犯罪小説」、「暗黒小説」といった文学のサブジャンルに属するエクリチュールである。『監獄の誕生』において言及される、ガボリオーやド・クィンシー、ウジェーヌ・シュー、モーリス・ルブランらの手になる作品を、その一例として挙げることができるだろう。(12)フーコーはこれらの作品を総称して、一九七五年のインタビュー「哲学を厄介払いする」において、「悪しき文学（mauvaise littérature）」と呼んでいる。(13)

そして第三に、言及される機会は上記の二種と比べてきわめて少ないものの、文学界にデビューしたばかりの作家たち、いわば「文学」という制度によって承認される時を待っている「文学以前」のエクリチュールである。例えば一九七五年のインタビュー「エクリチュールの祭典」で、フーコーは感銘を受けた作家として、トニー・デュヴェール、ジャン・ドゥメリエらの名を挙げているが、(14)彼らは当時いまだ三〇代を迎えるばかりの新進作家であった。

このような、七〇年代フーコーにおける新たな対象――「文学未満」の言葉、「悪しき文学」、「文学以前」の文学――の出現は、何を意味するのだろうか。制度化された「文学」には属さないこれらの対象に、フーコーは何を見出していたのだろうか。六〇年代、フーコーがあれほどの熱意を込めて語った「文学」は、いかにその意味合いを変えることとなったのだろうか。

こうした問いに向き合ううえで、注目すべきテクストが存在する。それは、前述した「文学未満」の言葉を扱ったテクストのひとつ、一九七七年に発表された「汚辱に塗れた人々の生」である。このテクストは、その成立に至るまで長い前史を持っている。一九六一年の『狂気の歴史』を構想する過程で、フーコーは一般施療院やバスティーユ監獄に残された「封印状」に関する古文書と出会い、「封印状」によって収監された無名の人々を記録したそれらの古文書に強く惹きつけられることとなった。『狂気の歴史』を刊行したのちもその発掘と調査を進めていたフーコーは、こうした古文書に「汚辱に塗れた人々の生」という表題を冠したうえで、アンソロジーとして出版するという計画を長年にわたって温め続けることになる。同名のテクストは、その序文として執筆され、一九七七年に発表されたものである。

その後、この叢書はフーコーの当初の目論見とは異なる形で実現されることになった。表題は「対比列伝（Les vies parallèles）」と変わり、またその第一巻は「封印状」に関するものではなくエルキュリーヌ・バルバンの遺書となった。「封印状」を扱ったアンソロジーは、その後一九八二年、歴史家のアルレット・ファルジュの協力を得たうえで『家族の無秩序』として日の目を見ることになるが、この著作の序文は「汚辱に塗れた人々の生」とは異なるものに差し替えられている。

こうした事情にも拘らず、このテクストは、七〇年代以降のフーコーにおける「文学」の問題を考えるうえで、きわめて示唆的なものとなっている。というのも、このテクストにおいてフーコーは「文学未満」のディスクールがいかなる点で「文学」と異なるものであるかを、「権力と生」との関係という観点から解き明かしているからである。その意味において、「汚辱に塗れた人々の生」は、「権力」という七〇年代フーコーの問題構成のなかで「文学」がどのように変容したかを、他のテクストに増して明瞭に示したものであるとみなすことができるだろう(15)。

しかし、このテクストが注目に値するのは、その点に限られない。というのも七〇年代以降晩年にかけて、フーコーのテクストのなかには、「制度としての文学」を逃れる言葉がその関心の対象として侵入するだけではなく、六〇年代の彼が文学に事寄せて語った主題が、その意味付けを変えながらもふたたび姿を現すことになるからである。「生」「演劇」「フィクション」などの主題がそれにあたる。

フーコーが「文学」を放棄し、「文学」には属さない言葉へとその関心を移行させたこと――それは確かである。しかしその一方で、フーコーと「文学」との関係は完全に切断されることはなく、「文学」はあたかも埋火《うずみび》のように、燃え盛る焔とは別の形で晩年に至るまでフーコーのなかに残存していたことを、こうした主題が再出現するという事実は告げている。そして「汚辱に塗れた人々の生」は、まさにこうした主題を扱ったものなのである。それゆえ、このテクストは、七〇年代以降におけるフーコーの「文学からの離脱」とともに、「文学の残存」の証拠でもあるものとして位置づけることができるのではないだろうか。

それゆえ、第二部では「汚辱に塗れた人々の生」を出発点として、七〇年代以降フーコーにおける「文学」の変容を辿ることを目的としたい。

第五章では、「汚辱に塗れた人々の生」に焦点を当て、「ヌーヴェル」――文学には属さないディスクール――と「文学」とのあいだに、フーコーがいかなる点で差異を見出しているのかに注目する。これによって、「文学」という問題が「権力と生」という七〇年代以降のフーコーの関心領域のなかでいかにその意味合いを変容させたかを明らかにするとともに、「文学」が七〇年代以降のフーコーにおいても残存し続けた理由を探ることが第五章の目的である。

こうした第五章の議論を踏まえたうえで、第六章では、七〇年代以降のフーコーにおける「文学」の変容と残存を示すいまひとつの徴候として、「演劇」という文学ジャンルに対するフーコーの思想的立場の変遷に着目する。六〇年代のフーコーにとって時として批判の対象であった「演劇」は、七〇年代以降「権力と生」がフーコーの関心となっていくにつれて、肯定的に評価されることになる。「演劇」という六〇年代においては「文学」から排除されていた対象が七〇年代以降は浮上するというこの点にもまた、フーコーと「文学」との関係における転回点のひとつを見出すことができるだろう。こうした「演劇」に対するフーコーの議論の変遷を時系列的に追跡することが、第六章の目的である。

第七章では、「文学」が晩年に至るまでフーコーのなかに残存したことのさらなる証明として、「フィクション」をめぐる議論に着目する。晩年のフーコーは、自分の著作を「フィクション」として位置づけたうえで、「フィクション」「生」「エクリチュール」「文学」のあいだに緊密な結びつきを見出している。注目すべきことに、ブランショ、バタイユ、クロソウスキー、ルーセルなど、六〇年代以降長らく言及を控えるようになっていた作家たちの名が、こうした「フィクション」をめぐる晩年の議論のなかには回帰してくることになる。そしてそこでは、「自己変容」をもたらすものとして「文学」が再定義されているのである。このような事実のなかには、かつてとは異なる姿ではあれ、「文学」へと再び接近するフーコーの姿を看取することができるだろう。第七章では、こうした晩年の「フィクション」をめぐる議論と「文学」への再接近を、六〇年代の「フィクション」をめぐる議論と比較することを通じて検討してゆく。

第五章　微粒子たちの軌跡——境界線上の「ヌーヴェル」

はじめに

「汚辱に塗れた人々の生」が、フランス旧体制下、「封印状」によって収監された無名の人々についての記録を纏めたアンソロジーの序文として書かれたものであることはすでに述べた。田中寛一の説明によれば、「封印状」とは本来、旧体制下における王の命令書一般を指す言葉であった。しかし一七世紀から大革命に至る絶対王政の時期になると、王は反抗的な貴族を追放・監禁するために封印状を濫発するようになる。バソンピエールやフーケなどの王の家臣や、サド、ヴォルテール、ディドロなどの哲学者は、いずれもこの封印状によって監獄に送られたのである。

このため、封印状は絶対君主の恣意を象徴するものとみなされ、フランス革命を呼び寄せた一因であると長らく考えられてきた。(1)

こうした状況を変えたのが、フーコーの「汚辱に塗れた人々の生」およびフーコーとファルジュの協力によって生み出された著作『家族の無秩序』である。彼らは古文書を調査した結果、封印状が王の専断によって発行されたのはわずかな場合にすぎず、その大部分は、下層階級からの請願によって発行されたものであることを突き止めたのである。フーコーとファルジュは、『家族の無秩序』刊行年に行われたインタビューのなかで、その実態を次のように語っている。

A・ファルジュ――常識的な考え方によれば、封印状とは、政治的な過失を犯した廷臣を対象とする、王の専制を表現したものです。しかし古文書の束を開いてみるやいなや、そのようにしてバスティーユに送られた高貴な人々は、ごくわずかな数にすぎないということがわかります。さらに、投獄の請求を行ったのは、ごく低い階層であったことも明らかとなります。王に訴えること――実際のところ、パリでは警察の法官に訴えることになりますが――は、家族内秩序に関する問題を解決するために行われたのです。

M・フーコー――ほとんどの場合、動機はつねに同じです。夫婦の間では、お互いに放蕩と飲酒癖を非難することになります。妻が夫を非難するのは暴力についてであることが多く、浮浪に対する糾弾は、親が子に対して行うものです。狂気が監禁要請のなかで引き合いに出

されるのは、一〇%から一五%の割合です。(2)

ここでフーコーが例に挙げている人々——放蕩し飲酒する夫あるいは妻、暴力をふるう夫、浮浪する子供、狂人——はいずれも、家庭内の秩序を乱したがため、身内によって王へと封印状の請願がなされ、その結果として収監の憂き目にあうこととなったのである。フーコーが「汚辱に塗れた人々」と呼ぶ存在は、こうした人々のことを指している。

彼ら彼女らを収監するためになされた請願書が実際どのようなものであったのか、フーコーは「汚辱に塗れた人々の生」のなかでその例を引いている。

マチュラン・ミラン、一七〇七年八月三一日にシャラントン施療院へ収監——《家庭から姿を隠し、田野で世を棄てた生を送り、訴訟の数々を起こし、高利貸しのはてに資産を蕩尽し、哀れなる心を人知れぬ街角にさまよわせ、さらなる大役を果たすべしと自ら恃むところ、この者の狂気常にあり。》

ジャン・アントワーヌ・トゥザール、一七〇一年四月二一日にビセートル癲狂院へ収監——《棄教した静修派修道僧にして反乱者、さらに大いなる罪を犯し、男色者あるいは無神論者ともなる恐れあり。冒瀆の怪物であるゆえ、野放しにするよりも消し去るべし。(3)》

こうした請願書の文面は、一見したところ無味乾燥な、「文学」に類せられるところなど皆無なもののように思われる。しかしフーコーは「汚辱に塗れた人々の生」のなかで、この一文をはじめて目にした時の印象について、次のように語っている。

この断章やあるいは別の断章を読んだそのとき、何を感じたのかを語るとしたら、私は困惑してしまうだろう。おそらくそれは、その他の印象が存在するように、いわゆる「身体的」な印象のひとつである。そして、それらの「ヌーヴェル」が、二世紀半にわたる沈黙をこえて突如姿を現したとき、通例として文学と呼ばれているもの以上に、私の琴線は揺さぶられたのだと告白しよう〔…〕(4)。

ここでフーコーは、「文学と呼ばれているもの」以上の感動を請願書の一文から与えられたことを、率直に告白している。この告白を、七〇年代フーコーの「文学からの離脱」を表明したものと捉えることは容易である。「文学と呼ばれているもの」――フロベールやプルースト、マラルメのごとき「大作家」の作品――によってはもはや得られない感動を、それ自体としては何らの美的性質を帯びているものとは思えないような請願書の渇いた一文のうちに見出したと、フーコーは語っているのだから。

しかし、同時に注目すべきは、この一文が「ヌーヴェル（nouvelle）」という一般には「中編小説」を指す文学用語、「文学」との臍の尾を完全には断ち切っていない言葉によっても形容されているという事実である。ここにはむしろ、「文学」を六〇年代のように称揚するわけでもなければ、「文学」と完全に縁を切るわけでもない、七〇年代以降のフーコーの「文学」に対する特異な立場を読み取るべきなのではないだろうか。実際、「汚辱に塗れた人々の生」のなかで、フーコーは「文学」と「文学ではないもの」――請願書の一文のごとき言葉を、厳密に区別しようと試みている。「ヌーヴェル」という「文学ではないもの」の定義はその試みを示すものである。しかし、テクストの末尾に至って、フーコーは結局のところ「ヌーヴェル」という定義を放棄し、「文学」と「文学ではないもの」の境界を曖昧なままに放置することとなるのである。

それゆえ、「汚辱に塗れた人々の生」というテクストは、「文学ではないもの」への七〇年代フーコーの関心を如実に示したものであるとともに、そのさなかにおいてもフーコーが「文学」と何らかの関係を保ち続けたことを告げていると考えることができる。

本章では、「汚辱に塗れた人々の生」において、「文学」と「文学ではないもの」の間で揺れるフーコーのこうした姿に注目することを通じて、「文学ではないもの」が七〇年代以降のフーコーの関心の対象となった理由を考察するとともに、同時期のフーコーが「文学」を完全には棄却しなかった理由もあわせて検討することを目的としたい。

一　瞬間性と現実性

まずは、「ヌーヴェル」についてのフーコーの記述を確認することから始めよう。テクストの冒頭で「これは歴史書では全くない」と断りを入れたうえで、フーコーは存在するはずだった著作を次のように紹介している。

これは実存のアンソロジーである。数行あるいは数ページの生、ひとつかみの言葉に要約された無数の不幸や冒険。偶然によって書物や公文書と出会うことになった儚き生。ひとつの典型、しかしそれは――賢者が読書のさなかで取り集める典型とは異なり――省察するための教えというよりは、ほとんど束の間のうちに力を失ってしまうような瞬間的効果を持った典型なのである。それらの典型を描写するうえで、私は「ヌーヴェル」という用語で満足すべきであろう。(5)

「歴史書」ではなく「実存のアンソロジー(anthologie d'existence)」であるというこの著作を、フーコーはこのように「ヌーヴェル」と呼称したうえで、そこには次のような意味が込められているとする。

語りの瞬間性、そして報告された出来事の現実性がそこでは二重に参照されている。というのも、これらのテクストにおいて語られている事物はそのようにして凝縮しているのであり、それらを貫く強度が、言葉の閃光に結びついているのか、それらのうちに殺到した事実の暴力に結びついているのかを見分けるのは困難だからである。特異なる生、どのような運命に導かれたのかは私にはわからないが、運命によって奇妙な詩となった生。私はそれらの生を、ここである種の植物標本のように集めてみたかったのである。(6)

ここでフーコーは、「語りの瞬間性（rapidité du récit）」および「出来事の現実性（réalité des événements）」が「ヌーヴェル」という表現によって指示されているという。これによって、フーコーが収集した請願文書のなかで語られているものは「凝縮性」を得ることになり、「特異なる生」であり「奇妙な詩となった生」の「植物標本」としてのアンソロジーが成立することになるのである。

そして、フーコーは請願文書との出会いと、アンソロジーを編むという着想が彼のもとに訪れた経緯を振り返ったうえで、その編成の規則について説明を行う。そこでフーコーは、「出来事の現実性」について、次のような規則に従ったと述べている。

私は、現実に実存する人々を問題とすることを望んだ。すなわち、彼らに場所と日付を与えうること、もはや何も語ることのない人物名の背後、敏捷であるとともに、大抵の場合は誤謬や欺瞞、不正、誇張となるそうした語の背後に、生き、死んだ人々が存在し、苦悩や意地悪さ、嫉妬、喚き声が存在することを望んだのである。そのため、私は、空想や文学となりうるすべてのものを追放した。空想や文学が発明しうるようないかなる暗黒の主人公も、こうした靴修理屋や脱走兵、身繕いの用具を売る女たち、公証人、浮浪の僧といった者たち、すべての憤怒と醜聞と惨めさに塗れた者たちほどに強度に充ちたものとして私の目に映ることはなかった。おそらくそれは、彼らが実在したことを知っているという唯一の事実に由来するのだ。(7)

フーコーの言葉に従えば、この著作が対象とする言葉は、すべて「実在する人々」に関わっている。旧体制下のある日時に確かに実在し、収監という汚辱に塗れた生を生き、死んでいった人々を記録する言葉、それがこのアンソロジーでは集められているのである。ここでフーコーが、そうした「汚辱に塗れた人々」に比して、「空想や文学」の生み出した主人公たちは強度において劣るとしていることは、「文学」に対するフーコーの距離感を示している。「文学」を彩る主人公たち、それはフーコーにとって、惨めな生を送った実在の人々ほどの魅力を持たないものなのである。

こうした比較を、フーコーは別の箇所でも反復している。そこでは、ジル・ド・レやラスネール、そしてサドなどが比較の対象とされ、彼らが送ったのは「贋の汚辱（fausse infamie）」にすぎないとされている。(8) 彼らはいかに数々の汚辱に塗れているにせよ、結局のところ「偉大な伝説の者たち」であり、その汚辱は普遍的な「有名性」の一様態に他ならない。それに対し、フーコーを魅了する人々は、文字どおり「無名」の汚辱に塗れた人々なのであり、彼らは決して後世に偉大さを顕揚されることはなく、彼らの存在はただ偶然残された言葉によってのみ記録されているのである。

ここでサドの名が引き合いに出されていることは、やはりフーコーの六〇年代文学論を振り返った場合示唆的である。六〇年代のフーコーにとって、サドは「侵犯」の言語を体現する作家として、ブランショやルーセル、マラルメ、クロソウスキーと並んで称揚すべき対象であった。そのサドが、ここでは「贋の汚辱」の生を送った、もはやフーコーの興味を惹かない「暗黒の主人公」として貶下されているということ、これもやはり七〇年代フーコーの大きな変化を示す徴候のひとつであるといえよう。(9)

そして、フーコーが「ヌーヴェル」という呼称に込めた、「出来事の現実性」とならぶいまひとつの意味合いである「語りの瞬間性」は、このように「汚辱に塗れた人々」が徹底的に「無名」であるという点に関連している。フーコーは、「出来事の現実性」に触れた箇所に続けて、自らの著作の登場人物——汚辱に塗れた人々——たちが、「世に埋もれた者」であることを望んだと打ち明ける。[10] フーコーによれば、彼らの不幸や情熱、愛や憎悪のなかに、通常の場合語るに値するとみなされるようなものは存在しない。しかし、彼らの生は「一種の激烈さ（une certaine ardeur）」に貫かれているのであり、それによって彼らには「恐るべき、あるいは哀れな偉大さ（une sorte de grandeur effrayante ou pitoyable）」が纏わされることになる。「語りの瞬間性」とは、こうした無名の人々がほんの一瞬放つ「偉大さ」なのである。極小であればあるほど大きなエネルギーを与えられるという点において、フーコーはこうした無名の人々を「微粒子群（particules）」に擬えている。

そのうえで、フーコーはこうした人々が我々の目に届くためには、「権力」との「束の間の出会い」が必要であったとし、次のように語っている。

しかし、そうしたなんらかの微粒子が私たちのもとへ辿りつくためには、ほんの束の間であれ、それらを照らし出す光の束が到来せねばならなかった。他所からやってくる光である。〔…〕権力と衝突することがなければ、そうしたはかない軌跡を呼び寄せるためのいかなる言葉もなかったことであろう。彼らの生に狙いを定め、追跡し、束の間であれ、その不平や微細な喚き声を注視する権力、そして彼らの生に引っ掻き傷の跡を刻み付けた権力こそが、私たちのもとに留まった言葉を引き起こしたのである。[11]

彼ら無名の人々が存在したという出来事は、封印状の請願書のなかに記載されることがなければ、決して我々の知るところにはならなかった。その意味において、彼らは封印状に体現された「権力」に出会い、請願書という「言葉」によって捕捉されることによってはじめて、その「生」の「偉大さ」を後世に残すことになったのである。

二　権力、生、言葉

フーコーはテクストの中ほどで、この「権力」の有様を語りはじめる。その前提として、フーコーは請願書に記された言葉のうちに、「日常的なもののかくも誇張された演劇（théâtre si emphatique du quotidien）」があるとする。[12] それは、家族の監禁を請願する申請者の言葉が、そこで非難されている事件の矮小さや凡庸さと比べて、きわめて誇張されたものとなっており、コミカルな効果をもたらしている点にある。そうした言葉において、ふしだらな女や暴力的な息子といった日常茶飯の人々は、ネロのような暴君にも比肩するような怪物として描き出されることになっているのである。[13]

フーコーはこのような「演劇化」がなされる理由を、西洋世界における日常的なものと権力との関係が変遷してきた歴史に立ち戻って捉えようとする。そこで論じられるのが、キリスト教世界における「告解（aveu）」の実践である。[14] フーコーによれば、何世紀にもわたって、キリスト教世界は「告解」をあらゆる者に強制してきた。日常的な生の些細な過誤を、委細漏らさずすべて語り、そのことによって語られた悪徳を瞬時に消失させること、それがフーコーの考える「告解」における権力と日常的なものとの関係である。

こうした関係は、フーコーによれば一七世紀末に変容する。それは「告解」が、宗教的ではなく行政的な配置によってその機能を変化させたことによっている。許しをあたえ、罪を消滅させることではなく、すべてを文書として記載することが、その機能となるのである。フーコーは封印状や嘆願書、監禁や警察の報告書などといった、「汚辱に塗れた人々」を取り巻く実践を、こうして機能を変化させた権力の「最初の用具」であったとしている。「権力」はこれらの用具を通じて日常生活のあらゆる領域に広がっていき、あらゆる卑小な過ちはディスクールによって権力に捕捉されることになる。それによって、「ディスクールの巨大な可能性」[15] が誕生するのである。

しかしフーコーによれば、こうした「告解」を引き継いだ権力の最初の形式において、日常生活をめぐるディスクールはすべて「君主」に集中するものとされたという。嘆願書の言葉が誇張されたものであり、「日常的なものの演劇化」を行うものであるのは、ここに由来している。放蕩や暴力といった日常茶飯の出来事は、君主というひとりの人物のもとに象徴化された「権力」

に向かって、その注意を惹きつけるためには、誇張されたレトリックによって語られねばならなかったのである。

こうして、フーコーは一七世紀に成立した日常的な「生」と「権力」、そして「言葉」との関係を描き出したうえで、その「演劇化」による誇張のうちには「不調和（disparate）」が存在するとしている。ここで注目すべきは、こうした「不調和」を同時代の文学と比較している次の箇所である。

> 苦情を述べて嘆願する者と、彼らに対するあらゆる権力を持つ者との間の不調和。提起される問題の卑小さと、そこで作用する権力の膨大さとの間の不調和。儀式と権力の言語と、怒る者あるいは無力な者の言語との間の不調和。それらのテクストはラシーヌやボシュエ、クレビヨンの方向をうかがっている。だが、そうしたテクストが彼らとともに担うのは、民衆の喧騒であり、あらゆる悲惨さ、暴力、「卑しさ」と呼ばれるようなものなのであり、それらはいかなる同時代の文学も受け入れることができなかったのである。(16)

ここで「儀式と権力の言語」はラシーヌに代表される同時代の文学に擬えられている。請願書に記された言葉はラシーヌのように華麗なレトリックで飾り立てられ、壮麗な衣装を纏っている。しかし、それが語るのは「悲惨」であり「暴力」であり、同時代の文学には扱いえなかった卑小な生なのである。ここにも、フーコーが「文学」と「ヌーヴェル」の間に区別を設けていることの徴候を見出すことができるだろう。

三　文学の誕生

こうして、一七世紀に誕生した「権力」の様相を描き出し、「日常的な生」と「権力」の間には不調和で演劇的な関係が存在していたと論じたうえで、フーコーはこのテクストの後半で、ついに「文学」という主題に正面から取り組むことになる。

フーコーはまず、これまでの議論を受けたうえで、一七世紀のこの時期、無名の民衆は自らについて語る言葉を、「権力」によって与えられたのだとする。[17] フーコーによれば、そこには三つの条件が存在した。そのディスクールが明確な権力の配置の中で循環されること、実存のそれまではほとんど知覚されなかった基底を出現させること、その情熱と利害の競争から発して、権力に主権的な介入の可能性を与えること、この三つである。フーコーは、権力はたんに監視し、禁止するだけのものではなく、「動かし語らせる」ものだとする。

そしてフーコーは、こうした「権力」「生」「言葉」をめぐる配置に「真理」という第四の要素を加え、そのなかにおいて、「文学」の新たな領域が出現するのだと考える。

この機械仕掛けはおそらく、新たな知を構築するうえで重要なものであった。またそれは、文学の全く新しい体制と無縁なものではない。封印状は新奇な文学形式の起源であったのだということではない。一七世紀から一八世紀のさなかで、ディスクール、権力、日常の生、そして真理の関係が新たな様態で結合され、そこに文学も関与していたのだといいたいのである。(18)

この「文学」の新たな体制について語る前段階として、フーコーは一七世紀に先立つ文学において「寓話(fable)」がもつ意味について述べる。(19) 寓話とは、フーコーによれば語られるに値するもののことを指している。西欧社会では長きにわたり、日常的なものは「寓話的なもの(fabuleux)」に変形されることによってはじめて、ディスクールとして存在することができた。日常的なものは、ありえないものに触れることによってはじめて、語るに値するものとなり、「教訓」と「例証」として機能するものとなったのである。ここにおいて、「真理」の問題は関わってくることがない。寓話が本当のことであるか嘘であるかは問題ではないからである。

しかし一七世紀以降、こうした「寓話」とは全く別の語りが要求されるようになる。その有様を、フーコーは次のように描き出す。

一七世紀以降、西洋は無名の生についての全く新たな「寓話」が誕生するのを目の当たりした。その寓話では、寓話的なものは追放されることになる。不可能なものや笑うべきものは、日常的なものを語るうえでの条件であることをやめる。ひとつの言葉の技術が生まれるのだが、それはありそうもないことを歌うことをその務めとしたものではない。出現しないもの——出現しえないか、あるいは出現させるべきではないとされたものを出現させることを務めとした言葉の技術が誕生するのだ。すなわち、現実の最下層にあり、最も些細なものを語ることである。「取るに足らないもの」、自身について語ることのないもの、いかなる栄光にも値しないもの、要するに「汚辱」を語ることを強制する装置が配置されたとき、新たな命令が形成される。その命令が、西欧におけるディスクールの内在的倫理と呼びうるようなものを打ち立ててゆくことになる。(20)

フーコーによれば、一七世紀以降、「寓話的なもの」と「日常的なもの」との関係は切り離される。もはや「寓話」のように、「日常的なもの」を「不可能なもの」に変容させることは問題ではなく、「取るに足らないもの」、すなわち現実の最下層にあり、それゆえ語ることもできず語るにも値しないと考えられてきたものが出現することを可能にする「言葉の技術」が誕生するのである。それによって、「汚辱の生」を語る装置が形成されることになる。フーコーがここで「ディスクールの内在的倫理」と呼んでいるものについて、それは次のようなものであるとされる。

実存の最も闇に覆われた部分、最も日常的な部分（そこに運命の威厳に満ちた形象を見出すことは時として放棄される）を狩り出すべしというある種の命令が一七世紀以降の文学の傾斜線を描いてゆく。近代的な意味での文学は、それ以来存在しはじめることになるのである。[21]

「近代的」な意味での文学、フーコーが六〇年代に固執した「文学」は、こうして一七世紀以降の「権力」「生」「言葉」の変容のなかで誕生したものとして、新たに定義されることになるのである。

四　文学の特異な立場——真理と権力に関する二重の関係

それに続けてフーコーは、第四の要素としての「真理」の問題をここに介在させ、「真理と権力に関する文学の二重の関わり」がこうした「文学」の変容によって生じてくるのだと議論を進める。第一の関わりとは次のようなものである。

寓話的なものが、真と偽の不決定においてのみ機能するものである一方で、文学は、非‐真理における決定のなかに自らを据え付ける。つまり、文学は明らかに技術にかかわるものとなり、真理であるとして認められるような真理の効果を生産することに身を投じるようになるのである。(22)

「寓話」において、それが真理か嘘であるかは問題にならないことはすでに確認したとおりである。ところが、文学においては、「真理」であることが求められることになる。「文学」は虚構であり、それゆえ「非‐真理」であるが、一方では「真理」の効果を与えるため、真実らしいと思わせるために、その「技術」を高めることが求められるようになるのである。

続く箇所で、フーコーは古典主義時代のなかに、「文学」が「真理」との関係を取り結ぶようになった契機を見出している。

古典主義時代においては、自然と模倣に重要性が与えられていたが、おそらくそれは、文学の「真理における」機能を形成する最初の方策のうちのひとつだった。それ以来、フィクションが寓話性に代わり、小説がロマネスクなものを乗り越えるのだが、小説が発展していくのは、より完全にロマネスクなものから解放される限りにおいてであるだろう。こうして、文学は巨大な強制システムの一部をなすものとなる。そのシステムによって、西欧は日常的

なものに対して、ディスクールの内部に身を置くことを強いるのである。(23)

フーコーはここで古典主義時代における「自然」と「模倣」の重要性について語っているが、これはシャルル・バトゥーに代表される同時代の芸術理論を指していると考えられる。周知のとおり、バトゥーは『同一の原理に還元された芸術』(24)(一七四六年)において「美しい自然の模倣」が諸芸術に共通の原理であると論じているからである。フーコーの視点からすると、こうしたバトゥーの言説が重要であるのは、芸術理論としてではない。それは、「文学の「真理における」機能を形成する最初の方策」であったという点こそが重要なのである。

これによって、古典主義時代以前の「寓話」は「フィクション」に、「伝奇的なるもの」は「小説」へと変貌する。「フィクション」「小説」はいずれも、それが現実そのものではないという点においては「非‐真理」である。しかし、そこには「自然」と「模倣」という規範が存在するのであり、そのために「フィクション」「小説」は「真実らしい」ことを語ることを求められるようになる。こうして、「非‐真理」としての「文学」は、「真理」との関係を結ぶことになるのである。

そして、「文学」が「非‐真理」でありながら「真理」を語るものになったというこの点に、「文学」と「権力」との接点をフーコーは見出している。前述のとおり、フーコーによれば一七世紀以降、「権力」は「封印状」などの諸方策を通じて、日常の生における些細な悪行を委細漏らさず「言葉」のうちに記載することを目指してきた。その意味において、権力は無名の人々に自らの「真理を語る」こと、自らの最も微細な語るに値しない悪行を言葉にすることを要求していたといえるだろう。「真理を語る」ことをその務めとするようになった「文学」は、こうした同時代の「権力」の、「巨大な強制システムの一部」を占めるものとなるのである。

こうして、古典主義時代における「文学」を「真理」をめぐる「権力」システムの内部に位置づけたうえで、フーコーは続けて次のように述べている。

しかし、文学はそのシステムのなかで特別な場所を占めている。日常的なものの下層を探索し、限界を越え、秘密を乱暴にあるいは巧みに暴露し、規則やコードをそらし、告白しがたいものを語らせることに努めながらも、文学は法の外に身を置こうとする。少なくとも、醜聞や侵犯、反抗を自らの身に負おうとするのである。いかなる言語の形式にもまして、文学は「汚辱」のディスクールに留まり続ける。最も口にしがたいもの――最悪のもの、最奥の秘密、最も耐え難いもの、恥知らずなものを語るものとして文学は留まるのである。この点からして、以前から精神分析と文学とが互いに魅惑しあってきたことは示唆的である。しかし、こうした文学の特異な立場が、ディスクールのエコノミーと真理をめぐる戦略を西欧において貫いている、ある種の権力装置の効果であることは忘れるべきではない(25)。

前述のとおり、フーコーは「文学」を「権力」システムの内部に位置づける。しかし、「文学」が占める場所は特異なものである。というのも、「文学」は「権力」の目的どおり日常的生の下層を探査することをその務めとしながらも、「権力」の課す「法」を超え出ようとし、自ら「醜聞」「侵犯」「反抗」などの「汚辱」にまみれたディスクールになろうとするからである。「権力」の一部をなすものとして、「真理」を語ることに邁進しながらも、その過剰性によって「権力」に抗おうとする「文学」の姿こそ、「真理と権力に関する文学の二重の関わり」とフーコーが呼ぶものなのである。

『知への意志』において、フーコーが「生権力」を論じたうえで「権力と抵抗」という二項対立を提示した経緯については、すでに触れた。「権力」によって生み出されたものでありながら、「権力」に抗う汚辱のディスクールである「文学」とは、まさにこうした二項対立を体現するものであるといえよう。こうして、「汚辱に塗れた人々の生」において、フーコーは「文学」という対象を権力論のなかに包摂するに至ったのである。

五　六〇年代文学論からの転回――「外」の放棄と「生」

その点で、さきの引用において文学が「権力装置の効果」であるとフーコーが念押ししていることは注目に値する。というのも、フーコーは六〇年代後半から七〇年代にかけて権力論を練り上げていくなかで、「外の思考」に代表される文学論のなかで論じた「外」の主題について批判的になっていくからである。

本書第一章で述べたように、「外の思考」において、フーコーは現代文学の特徴を、「私は話す」という言表に集約するものとして論じ、この言表のなかに言語が自律性を獲得する可能性を見出していた。[26] これによって、語る主体からも語られる対象からも離れた言語の空間が成立し、「外への移行」が生じるのであると、六〇年代のフーコーは考えていたのである。ブランショをはじめ、マラルメやクロソウスキーなど本書で扱った作家たちは、いずれもこの「外」を体現した存在としてみなされていた。

ところが、こうした「外」は七〇年代に入ると明確に否定されるようになる。それは「狂気、作品の不在」などで文学との近似性が主張された「狂気」の地位の変化を見れば明白であり、一九七六年のインタビュー「規範の社会的拡大」においてフーコーは次のように言明している。

> 狂気、あるいは非行や犯罪が、絶対的な外から我々に語りかけているのだと考えるのは幻想です。〔…〕つまり、我々はつねに内部にいるのです。外部など神話です。「外」のパロールなどは、ひとが更新することをやめない夢にすぎません。[27]

ジュディット・ルヴェルがこうした変化の理由を、「外の思考」と、フーコーが『狂気の歴史』以降自らのスタイルとする「考古学」あるいは「系譜学」的思考との両立し難さにみていることは示唆的であろう。[28] 本書第一章で検討したとおり、一九六九年の『知の考古学』において、諸規則に従う実践としての言説を明確にするものと定義された考古学的思考においては、文学は一種のシステムに内在する実践にすぎず、狂気もまた「狂気／正気」をめぐる言説編成に従属する現象となるのである。

こうした「外の思考」の否定すなわち「外部」の消失は、『知の考古学』から『監獄の誕生』あるいは『知への意志』に至るまで一貫した流れであるといえるだろう。そうした流れのなかで書かれた「汚辱に塗れた人々の生」において、フーコーは「外」を問題としていた六〇年代とは異なり、「権力」の外部ではなく、あくまでその内部に留まり、その内部で「権力」に抗うものとして文学を再定義することになるのである。[29]

しかし、「汚辱に塗れた人々の生」で問題とされる「文学」が、六〇年代に語られたそれと異なっているのは、「権力」という視角が加えられたという点だけではない。それは、「文学」が「日常的生」を探査し、その秘められた細部に至るまで「言葉」にするものとして捉え直されたという点にも存している。フーコーは六〇年代、やはり「外」の主題と関連させながら、絶えず文学と「死」について論じていた。「詩の危機」におけるマラルメ、シミュラークルを語るクロソウスキー、「死後」のテクストを残したルーセルはその一例である。

ところが七〇年代、「汚辱に塗れた人々の生」においては、あたかもネガがポジに転じたかのように、文学は「死」ではなく「生」との関連のもとに論じられる対象へと変貌を遂げるのである。「外」を放棄したことによる「権力」という視点の介入、そして「死」の「生」への反転というこの二つこそ、六〇年代から七〇年代以降にかけてのフーコーの文学論をめぐる大きな転回であるということができるだろう(30)。

六　文学と「文学ではないもの」

こうして「文学」を権力論の視座から捉え直したのち、フーコーは「汚辱に塗れた人々の生」の末尾で、「文学」には属さない「ヌーヴェル」としての言葉へと立ち返ることになる。しかし、その幕切れはいかにも奇妙なものである。というのも、そこでフーコーは、このテクストの冒頭で提示した「ヌーヴェル」という定義を放棄してしまうからだ。

私は冒頭で、これらのテクストが「ヌーヴェル」のようにして読まれることを望むと言った。おそらく、それは言い過ぎだったのだろう。テクストのいずれも、チェーホフやモーパッサン、ジェイムズの掌編に相当するものではあるまい。それらは〈疑似 - 文学〉でも〈下位 -

文学〉でもなく、あるジャンルの下書きでもない。それは無秩序、騒音、苦痛のさなか、権力の生に対する作用のさなかにあり、そのようにして生まれたディスクールのさなかにある。『マノン・レスコー』が語った物語のひとつが、ここにあるのである。(31)

フーコーはここで、「ヌーヴェル」という言葉が喚起するような、チェーホフやモーパッサンのような「文学」作品との類縁性を回避しようとしている。「ヌーヴェル」という言葉が「言い過ぎ」なのはそのためであり、また「ヌーヴェル」という言葉でかつて呼んだ請願書の言葉が「疑似‐文学」でも「下位‐文学」でもない、とするのはそのためである。

しかし結末において、そうした言葉は『マノン・レスコー』の物語に擬えられてしまう。『マノン・レスコー』に「汚辱に塗れた人々」――身売りされる女たち、粗野な近衛兵、好色の老人など――が登場することは確かであり、そして彼ら無名の人々の生がアベ・プレヴォの「言葉」によって「小説」とされていることもまた確かである。しかし、つまるところ、『マノン・レスコー』は「文学」なのではないだろうか？　こうした素朴な疑問に答えることなく、「汚辱に塗れた人々の生」というテクストは閉じられることになる。

実際、「汚辱に塗れた人々の生」でのフーコーの議論に従う限り、結局のところ「文学」と「ヌーヴェル」――「文学ではないもの」との境界は明らかではない。「ヌーヴェル」、それは「権力」「生」「言葉」そして「真理」をめぐる関係のなかで生まれたものである。フーコーがそこに

「感動」を覚えたこと、そして「汚辱に塗れた人々の生」というテクストがそうした「ヌーヴェル」に捧げられたものであることは否定すべくもない。しかし、「文学」もまた一七世紀以降、「ヌーヴェル」と同じ変容のなかで誕生したものなのであり、「汚辱に塗れた生」を語るものであるというその点において、「文学」と「ヌーヴェル」は同一の起源と対象をもつものなのではないだろうか。「ヌーヴェル」であったものが『マノン・レスコー』の物語に擬えられていることは、両者のこうした不分明性を証明するものであるといえよう。権力論という七〇年代フーコーの視座に立つとき、「文学」と「ヌーヴェル」は結果として同じ務めを担うものとして立ち現れることになるのである。

おわりに

本書第二部緒言で、七〇年代以降のフーコーのテクストのなかに「制度としての文学」から外れた三種類の言葉の群れ――「文学未満」の言葉、「悪しき文学」、「文学以前」の文学――が姿を見せるという事実について触れた。この三者を一望したとき、そこにおいてもやはり「文学」と「文学ではないもの」の境界は曖昧であることがわかる。「文学未満」の言葉が「文学」ではないのは確かである。一方、「悪しき文学」であれ「文学以下」の文学であれ、それらは結局のところ「文学」である。プルーストやフロベールら偉大な作家の名によって象徴される「制度としての文学」には含まれないにせよ、いずれにしてもそれらは自身が「文学」であることを否定できないだろう。これら三者のうちには、「文学」も「文学ではないもの」も混在しているが、それらはみな、「権力」の内部で生み出されるという点において、共通したものなのである。

もっとも、「権力」との関係において、これら三者がもつ位置はそれぞれ異なっている。「悪しき文学」は、「権力」の変容によって生み出される「文学」の例として、たまさか『監獄の誕生』のなかで言及されるに留まる。(32) これに対して、「汚辱に塗れた人々の生」で論じられたような「ヌーヴェル」、「文学未満」の言葉が、その権力と出会った無名の人々の熾烈な生によってフーコーを魅了し、単に権力によって生み出されたものに留まらない「文学」を越えた感動をフーコーに与えた次第については、すでに述べたとおりである。

「文学以前」の文学――いまだ「制度」による承認を得るに至っていない、若い作家の文学――についてフーコーが語った例として、「汚辱に塗れた人々の生」発表と同年の一九七七年に行われたインタビュー「性の王権に抗して」が挙げられる。そこでフーコーは、当時二〇歳を少し越えたばかりであったエルヴェ・ギベールの作品について語っている。フーコーによれば、ギベールは子供むけの短編を書いたのだが、どこの出版社も受け入れようとはしなかった。それに対して、ギベールは「セクソグラフィー」的な作品を書くことによって抗った。自身のセクシュアリティについて赤裸々に書くことが、人々の耳目を惹き、出版にこぎつけるための条件だったからである。ところが、ギベールの作品は、単なるセクソグラフィーとは次の点で異なっていた。

セクソグラフィー的なエクリチュールは、ポルノグラフィーや時としては上等な文学に法として課されていたのですが、彼の作品はその反対であるように思われます。その法とは、性において最も名づけえないものに対して、名を与えるまで進んでいくというものです。エルヴェ・ギベールは、はなから最悪のもの、極端なものをとりあげます。――「そうしたものについて語れとお望みなのですか。ええ、そうしましょうとも。これまで聞いたことがないようなものをお聞かせしましょう」――、そのあとで、汚辱に塗れた素材によって、身体、幻影、城、融和、優しさ、人種、陶酔などを生み出すのです。性の係数である重みのすべてが、それによって揮発することになります。(33)

ここでフーコーは、性について最も語り難いものに至るまで語ることが、セクソグラフィー的なエクリチュールの特徴であったとする。これはまさに『知への意志』で語られる「生権力」のあり方であり、「ポルノグラフィー」のみならず「よき文学」もまたこうした「生権力」に従って、そのシステムの内部で生み出されるものであることが前提とされている。

しかしフーコーによれば、ギベールは「汚辱に塗れた素材」を基にして「身体」「優しさ」「陶酔」を作り上げ、そのことによって「性の係数である重み」を消し去ることになった。ギベールは、人々にその性の最も醜悪な部分を語らせるという「生権力」の目的に過剰に従うことによって、「生権力」の裏をかくことに成功したのである。これはまさに、「汚辱に塗れた人々の生」において、「汚辱」を語ることによって自ら「汚辱のエクリチュール」となることを引き受けた「文学」、「権力」に「抵抗」する文学に課せられた役割であった。

このように、「権力」との関係は三者三様でありながら、「文学未満」の言葉、「文学以前」の文学、「悪しき文学」は、いずれも権力論の視座において論じられるという点において通底したものなのである。ここに、七〇年代以降のフーコーが「文学」から離脱するのみならず、「文学」について語ることを完全には放棄しなかった、その理由を見出すことができるのではないだろうか。

とはいえ念を押すならば、ここで語られる「文学」は、もはや六〇年代におけるそれ――ルーセル、マラルメ、クロソウスキーらに代表される作家の前衛的な作品――ではない。七〇年代以降のフーコーにおいて、「文学」は「文学未満」の言葉に限りなく接近したもの、単に文学作品のみを指すのではない、広漠な領域の言葉を指すものに変容しているのだ。

七〇年代以降のフーコーにおける「文学」の変容は、これに限られるものではない。続く第六章では「演劇」、第七章では「フィクション」という主題に着目することによって、さらにこの点を追求することにしよう。

第六章　真理の劇場――フーコーと「演劇」

はじめに

第五章で述べたとおり、「汚辱に塗れた人々の生」では、「演劇」という対象への言及がみられる。「封印状」をめぐる古文書のなかで、フーコーは身内の収監を請願する文章には「日常的なものの演劇化」がみられたとし、そこでは卑小な身内の悪事が華麗なレトリックで描かれ、誇張されたコミカルな効果を生んでいたのである。フーコーがこうした演劇化を「権力」をめぐる一七世紀以降の変容のなかに位置づけている次第については、すでに言及した。

「汚辱に塗れた人々の生」に限らず、こうした「演劇」という主題あるいは「演劇性」への注目は、やはり七〇年代以降のフーコーを特徴づける傾向のひとつであるといえる。一九七〇年発表のドゥルーズ論「劇場としての哲学」においては、「哲学」と「演劇」との類縁性が論じられ、一九七八年に行われた渡辺守章との対談においても「演劇」の問題は議論されている。そして晩年のフーコーにおいて重要な主題であるセクシュアリティの領域においても、他者との性的関係を「演劇」のモデルで論じる姿勢がみられる。纏まった形での「演劇論」こそ残さなかったものの、七〇年代以降のフーコーにおいては「演劇」への関心が持続していたといえるだろう。

こうした事実は、六〇年代フーコーの文学論を振り返った場合印象的である。というのも、当時のフーコーにおいて「演劇」は必ずしも重要な問題ではなく、時として演劇には批判的な眼差しを注いですらいたからである。六〇年代のフーコーにとっては、あくまで「小説」や「詩」こそが「文学」を代表していたのであり、その枠組みのなかで「演劇」は「文学」には属さない、「反-文学」的なものと考えられていたのである。

第五章では、「外」の放棄と「権力」という視点の介入、そして「死」の「生」への反転という二点に、六〇年代から七〇年代以降にかけてのフーコーの転回点があることを指摘した。それに加えて、「演劇」という六〇年代においては「文学」から排除されていた対象が七〇年代以降は浮上するというこの点にもまた、フーコーの「文学」についての思考をめぐるいまひとつの転回点があるとみなすことができよう。それゆえ、本章ではこれまでの議論を踏まえつつ、六〇年代から晩年に至るフーコーの思想と「演劇」との関係について検討することを目的としたい。(1)

一　六〇年代フーコーと演劇

六〇年代フーコーのテクストを見渡したとき、そこに「演劇」という文学ジャンルが明示的に表れることは稀である。たしかに、フーコーは『レーモン・ルーセル』の第五章「変身と迷宮」の末尾ではルーセルの演劇作品に言及しており、(2) またフーコーの未刊テクストを集成した著作『狂気・言語・文学』所収の草稿「文学と狂気」においては、アントナン・アルトーの演劇における「狂気」の問題が、バロック演劇との対比において論じられているように、(3)「演劇」を六〇年代のフーコーが論じることは皆無なわけではない。

しかし、それらのテクストにおいて、「演劇」は十分な扱いを受けているとはいいがたい。『レーモン・ルーセル』でルーセルの演劇が論じられるのは前述のわずかな箇所に留まり、またそれは演劇以外の作品と対比するという観点からたまさか言及されているにすぎない。フーコーはルーセルの演劇以外の作品――小説、詩など――については、豊富な引用を行うとともに微に入り細を穿つような分析を行っているのだが、演劇作品からは引用を行っていない。アルトー論においても、フーコーは『演劇とその分身』で開陳された演劇論に立脚したうえで議論を進めており、アルトーの実際の演劇作品が顧みられることはない。フーコーの念頭を占めているのは、ルーセルの場合であれば「手法」の問題、アルトーの場合であれば「狂気」の問題なのであり、そこでは「演劇」それ自体は副次的なものに留まっているといわざるをえないだろう。

六〇年代のフーコーは、このように文学論のなかで「演劇」を軽視するのみならず、時として「演劇」という芸術形態そのものに批判的な発言を行ってもいる。フーコーは一九六三年、フランス国営放送フランス3の企画したラジオ番組「言葉の用法」において、「狂気の言語」について特集した五回にわたる連続放送を制作し、出演した。その第二回放送「狂人たちの沈黙」冒頭で、フーコーは企画全体の監督である演劇人ジャン・ドアと対話を交わしているが、そのなかでフーコーは「演劇」について次のような評価を下している。

私はといえば、むしろこういう印象を抱いています。演劇というものは、美しい上演を行うために、祝祭にも狂気にも背を向けて、その力を減衰させ、力と転覆的暴力を支配しようとするのだという印象です。結局のところ、演劇は参加者たち、つまり祝祭の参加者たちを引き裂き、一方には演者を、他方には観客を生み出すものです。演劇は、コミュニケーションの仮面である祝祭の仮面を、厚紙や石膏でできた表面のようなもの、より精巧ではあるにせよ、隠蔽し分割するようなものに取り換えてしまいます。(4)

ここでフーコーは、演劇が「祝祭」と「狂気」に反するものだという。演劇は「美しい上演」を行うために、祝祭や狂気がもつ転覆的な力を制御し、役者と観客との分離を生み出すものなのである。

フーコーが六〇年代、「文学」の言葉に「狂気」との類縁性を見出し、「文学」がもつ力能をその点に見出していたことについてはすでに述べた。その観点からすると、「演劇」は狂気を抑圧し排除するものであることによって、「文学」には属さない、「反‐文学」的なものであるとフーコーが考えていることを、こうした発言は暗に示しているのではないだろうか。実際、「狂人たちの言語」では、演劇を「ディオニュソス的」なものではなく「アポロン的」なものだとみなす発言を残してもいる。(5)「ディオニュソス」的な秩序転覆の力こそ、六〇年代フーコーが文学に見出していたものであるとするならば、秩序を維持する「アポロン」の側に立つ「演劇」は、「祝祭」「狂気」に背反するとともに、「文学」にもまた背くものであるということになるだろう。

このように、六〇年代フーコーの「文学」に関するテクストを振り返ったとき、そこに「演劇」という主題は全体として希薄であるとともに、「文学」に反するものとして否定的な定義がなされていることがわかる。(6)しかし、フーコーと演劇とのこうした関係は、七〇年代以降変容することになる。

二　七〇年代フーコーと演劇

本章の冒頭でも述べたとおり、フーコーが哲学と演劇との関係を明確に論じるのは、一九七〇年のドゥルーズ論「劇場としての哲学」においてである。『差異と反復』および『意味の論理学』を論じたこの論文の結論として、フーコーはドゥルーズの名のもとに新たな思考、「出来事」を思考しうる思考が可能となったとし、その思考こそが「劇場としての哲学」なのであるとする。

ドゥルーズの『意味の論理学』によれば、出来事とは我々が経験する時間（クロノス）を超えた永遠の時間（アイオーン）に属する、イデアルなものである。[7] フーコーによれば、ドゥルーズに先立つ新実証主義、現象学、歴史哲学は、いずれも現象界を超えるものとしての出来事を世界や自我といった内的秩序のうちに還元してしまい、出来事を真に思考することを怠ってきた。[8] これに対してドゥルーズの哲学は、「多様で、はかない、瞬間性のシーンを備えた無言劇」としての出来事の生起を可能にする「劇場」なのであると、フーコーはここで主張しているのである。[9]

この論文の八年後、一九七八年に行われた渡辺守章との「哲学の舞台」と題された対談においてもやはり、「演劇」あるいは「劇場」という主題と「哲学」との関係について、フーコーはニーチェの哲学に事寄せながら次のように語っている。

「現在」の哲学、「出来事」の哲学、生起するものの哲学は、実際のところ、演劇が担っていたものを、哲学の見地から把握し直すものです。というのも、演劇はつねに「出来事」を担っているのであり、演劇の逆説とは、まさに「出来事」が反復されることにあるからです。上演されることによって、出来事は毎晩反復されます。その反復は、永遠ないし無限の時間のなかで行われます。なぜなら演劇は、以前に起こった反復可能な出来事を参照するのですから。演劇は出来事を捕捉し、舞台にのせるのです。[10]

ここにおいてもやはり、「哲学」と「演劇」との近さが主張されている。演劇は「出来事」を扱うのだが、演劇はこうした「出来事」を反復して舞台にのせる。フーコーが「演劇の逆説」という所以である。こうした「出来事」の反復を、自身の立場から捉え直すことが、「哲学の舞台」においてフーコーが「哲学」に帰す役割なのである。フーコーはこうした「哲学」の務めを、自らの関心領域に引きつける形で、以下のようにも言い換えている。

私は「舞台」のひとつの歴史を書きたいのです。舞台が作られたあと、人々がそのうえで真と偽を区別しようと試みるような、そうした「舞台」の歴史を。とはいえ、私の興味を惹くのはそうした区別ではなく、「舞台」と「劇場」が構築されたというその点にあります。ま

さに真理の劇場こそが、私の描き出したいものなのです。(11)

真偽の区別に先立つ基盤、すなわち真理を成立させるその基盤がいかに構築されるかを問うこと、これはまさに『知の考古学』以降の考古学あるいは系譜学の課題に該当する。「劇場」とは、西洋合理性という知が形成される、歴史的に限定された場なのである。

「汚辱に塗れた人々の生」において、「演劇」という主題が論じられる理由は、こうした七〇年代フーコーの「演劇」に対する評価の転回のうちに見出すことができるだろう。第五章で述べたとおり、「封印状」の請願書においては、「日常的なものの演劇化」が行われていた。こうした誇張された請願は、「権力」のうちにおいて行われ、「権力」をその過剰なレトリックによって「惹きつける」ためになされたものであった。しかしそれは単に権力に従属するのみではなく、それによって「汚辱に塗れた人々」の日常的であるとともに苛烈な生という「出来事」は、「権力」を越え出たエネルギーを秘めた「微粒子」として我々のもとに届けられることとなり、フーコーはその点にこそ感動を覚えたのである。フーコーはこうした請願書の「言葉」のうちに、「出来事」としての「生」が反復されながらも舞台に上げられる姿を見出し、権力をめぐる「真理の劇場」が打ち立てられる様を看取していたのである。

そして、「真理の劇場」が「日常的な生」を対象とするものであるのは、「汚辱に塗れた人々の生」に限られた議論ではない。一九七六年に寺山修司とのあいだで行われた対談「犯罪としての知識」において、フーコーは「演劇」を「絵画」と等値したうえで、日常のあらゆる領域において機能するものとしている。

——かつては特定の場所に閉じ込められていた芸術の表現形式が、今日では至るところに姿を現し、いかなる場所でも機能しているということは本当です。実際、表現する機会は、街路や公園の至るところで生み出されています。絵画と演劇の特権は、まさしくこの爆発（場所の限界を越えるということ）を実行しうるという点にあります。さらに、こうした拡散方法はすでに実現されています（私はそれをとても羨ましく思います）。それに対して、私が関わっている領域、つまり歴史的・政治的理論という領域は、いまだにアカデミックなサークルが維持されており、消費者がごく少数に限られているという問題を抱えています。私がやりとげたいのは（簡単ではないにせよ）、そうした理論や歴史的知をも芸術活動と同じ資格で拡散し、人々が自身の快楽、必要、闘争のために用いることができるようにすることです。(12)

フーコーによれば、「演劇」は至るところで生成される、場所という限界を越えたものである。こうして「真理の劇場」は日常のあらゆる領域に拡散し、「汚辱に塗れた人々の生」におけるような「権力と抵抗」が繰り広げられることになる。

引用の後半で、フーコーは自身の理論について、それが「演劇」のような芸術と同じように拡散し、人々の闘争のために役立てられることを望んでいると語っている。ここにおいても、「劇場としての哲学」や「哲学の舞台」と同じく、哲学は演劇とその務めを共有するものとされている。七〇年代のフーコーにおいて、こうして「演劇」は「哲学」と強く結びついたものとして論じられることになるのである。

三　八〇年代フーコーと演劇――身体とセクシュアリティ

七〇年代以降、フーコーはなおも変容を続ける。権力論のアポリア、権力と抵抗との閉じた円環という問題については、本書第二部緒言ですでに述べた。一九七六年の『知への意志』刊行以降、フーコーはいかにこのアポリアから脱するべきか考察を進めることになる。

権力がつねに抵抗と対になっている以上、権力とはつねに不安定なものであり、多様な関係のあり方に開かれている。ここにフーコーは主体の「自由」が見出されるとし、一九八二年の論文「主体と権力」では、「自由は権力の存在の条件としてあらわれる」と述べている[13]。ある主体は常にすでにある権力関係のなかで、ある真理の担い手として構築されるのであり、その意味において権力関係の外部に出ることは不可能なのだが、しかし主体は自由である以上、つねに自らを真理との関係において変容させ、新たな権力関係を生み出すことが可能なのである。

いわば、六〇年代の文学論「外の思考」においては、主体も真理も権力も存在しない無限の外部が志向されていたのだとすれば、『知への意志』以降のフーコーは、「権力」「真理」「主体」からなる閉域の内部を無限化することを目的としたといえよう。こうした無限化に、フーコーは権力と抵抗という二元論を超えた多様な関係の可能性を見出すことになる。晩年のフーコーは自身の思想を「権力」「真理」「主体」の相互関係として規定しているが[14]、それはこのような事態を表したものなのである。

このような八〇年代に至る歩みのなかで、「演劇」という主題は、セクシュアリティをめぐる議論において再び姿を見せることになる。一九七六年の『知への意志』で「生権力」による主体の構成を分析したのち、フーコーは古代ギリシア・ローマ世界においては、いかに人々は性的関係において現代とは異なる形で自己を主体化していたかの研究を進めてゆく。

その研究は『性の歴史』の第二・三巻として刊行され、フーコーの死後にはその続編が『肉の告白』として日の目を見ることになるが、晩年のいくつかのインタビューにおいては、同時代の性的な現象と、それによる新たな関係の創造の可能性について語ってもいる。次に引用する一九八二年に行われたインタビューにおいては、「SM」の実践が硬直した社会的関係を流動化するものとして肯定的に論じられ、そこにおいては権力関係が「上演される」のだとされている。

この点で、ＳＭが非常に興味深いのは戦略的関係であるとはいえ常に流動的だからです。もちろん役割は存在するのですが、そうした役割は反転可能なのだと、双方ともよく知っているのです。〔…〕この戦略的遊戯（プレイ）は身体的快楽の源泉として、とても興味深いものです。しかしそれが権力構造をエロティックな関係のうちで再生産したものだとは言いますまい。それは性的あるいは身体的快楽を与えることができる戦略的プレイによって、権力の構造を上演することなのです。(15)

「上演」という演劇的な行為によって、権力の構造を浮かび上がらせるとともにそれに抗うこと、これは「権力と抵抗」という七〇年代フーコーの描き出した図式を引き継いだものであり、「汚辱に塗れた人々の生」やエルヴェ・ギベールについての発言においてもこうした権力関係への反抗が問題となっていたことはすでに検討したとおりである。しかし、ここにおいて注目に値するのは、性にかかわる権力関係において「身体的快楽」に与えられている重要性である。

武田宙也も指摘するように、七〇年代以降のフーコーが六〇年代文学論と距離をとる一方、権力論や政治的行動に傾斜してゆくその端緒として、「身体性」への関心の高まりを挙げることができるだろう。(16) フーコーの権力論によれば、権力とは、『監獄の誕生』の「規律訓練型権力」であれ、『知への意志』の「生権力」であれ、「身体」を基盤に作動するものである。先述のとおり、『知への意志』以降のフーコーは「主体」「真理」への焦点化を通じて権力論のアポリアからの脱出を図るのだが、そうした道のりはすでにフーコーが『知への意志』の結論部において、「生権力」に対する反撃の拠点として「身体と快楽」を挙げていることで予見されている[17]。「SM」をめぐる議論はここから帰結するものなのである。

こうしたフーコーの道のりは、「汚辱に塗れた人々の生」において、フーコーが「封印状」をめぐる請願文書から受けた印象として「身体的な印象」を挙げていることのうちにも徴候として読み取ることができるだろう。「汚辱に塗れた人々の生」以降、「身体」という問題が晩年にかけてフーコーのなかで存在感を増してゆくとともに、「身体と快楽」を拠点として権力関係を「上演」し、その秩序を転覆するものとして「演劇」は位置づけられるものとなるのである。

しかし、「身体」と「演劇」との関係をめぐるフーコーの晩年の議論を、「汚辱に塗れた人々の生」の延長線上に位置づけることが可能だとしても、そこには大きな差異が横たわっている。「汚辱に塗れた人々の生」においてフーコーを感動させたのは、汚辱に塗れた人々が実存した証としての「言葉」であった。それに対して、「身体」をめぐる議論のなかに、そうした「言葉」はもはや不在である。身体による権力関係の変容がたとえ「演劇」という「文学」に関連した用語で呼称されているとしても、「言葉」を必要としないものである以上、「身体」はあくまで「非-文学」的なものなのではないだろうか。

「汚辱に塗れた人々の生」がそうであるように、七〇年代以降のフーコーのテクストのなかには、「文学ではないもの」――「無名のディスクール」や「日常的なパロール」――が姿を現すことになる。しかし第五章で指摘したとおり、「文学」と「文学ではないもの」の境界は曖昧であり、いずれも「権力」の内部で生み出されるとともに「権力」に抗うものであるという点で通底するものであった。しかしそれだけではなく、いずれも「言葉」を媒体とするものであるというごく単純な点においても両者は共通しているといえるだろう。これに対して、八〇年代のフーコーが論じる、セクシュアリティの領域において繰り広げられる「演劇」は、もはや「言葉」を用いるものではないというまさにその点において、「文学ではないもの」のさらに外部に位置する、「非-文学」となるのである。

おわりに

本章で述べたとおり、六〇年代において「演劇」は「文学」に対立する、「反-文学」的なものとされていた。七〇年代になると、フーコーは「真理」「権力」への考察を進めるなかで、「出来事」を問題とするという点において「哲学」と「演劇」のなかに類似点を見出すようになる。そして八〇年代になると、フーコーはセクシュアリティを論じるうえで、「身体と快楽」によって「権力」に抵抗する様を「演劇」として呼称するようになる。こうした「演劇」は言葉を介さないという点で、「非-文学」なのである。

こうしてフーコーの「演劇」をめぐる議論を通観したとき、「演劇」という文学ジャンルがいかにフーコーにおいて特異な立場を占めているかが判明するであろう。「演劇」は文学ジャンルである以上、「文学」と全く無縁なものではない。しかしフーコーにおいて、「演劇」は「反‐文学」としてであれ「非‐文学」としてであれ、「文学」の枠のなかに完全に収まったことが一度としてなかったのである。フーコーにおいて「演劇」は、思想的遍歴のなかでその意味合いを変えながらも、つねに「文学」とのあいだに一定の距離を保ってきた。そしてこの距離は単に否定的なものではなく、この距離によって、その時々のフーコーが「文学」に寄せていた関心のありか――六〇年代における「狂気」と「文学」との類縁性など――が浮き彫りにされることになる。「演劇」という主題はそれゆえ、フーコーの文学をめぐる思想の変遷をあたかも六〇年代におけるマラルメのように鏡像として写しながら、初期から晩年に至るフーコーに付き従っていたのである。

第七章　文学と自己変容——「経験」としてのフィクション

はじめに

第五章で述べたとおり、「汚辱に塗れた人々の生」において、フーコーは一七世紀以降「文学」が「寓話」ではなく「フィクション」、「伝奇的なるもの」ではなく「小説」となり、それによって「非 - 真理」でありながら「真理」を語るものに変貌したと論じている。こうした議論は、「汚辱に塗れた人々の生」以降のフーコーの軌跡を辿るうえで注目に値する。というのも、晩年のフーコーは、「文学」をこのように対象として定義するだけではなく、自身の「書くこと」＝エクリチュールもまた「フィクション」に擬えるような発言を残しているからである。例えば、一九七八年に行われた、ドゥッチオ・トロンバドーリとの対談のなかでは、彼は次のように述べている。

〔…〕私の本の読者、それも私の行ったことを評価してくれる読者の方々は、しばしば笑いながら私にこう言うのです。「結局のところ、君の言っていることはフィクションに過ぎないということはよくわかってるよね」と。私はいつもこう答えることにしています。「勿論。フィクション以外のものであることなど問題外です」とね[1]。

また一九八〇年に行われた対談「フーコー、国家理性を問う」のなかでは、この「フィクション」がいかなるものであるかという点について、より踏み込んだ発言がなされている。

私は真の意味での歴史家ではありませんし、小説家でもありません。私が行っているのは、一種の歴史的なフィクションなのです。ある意味では、私は自分の言っていることが真実ではないことをよく知っています。ある歴史家が、私が書いたものについて、「これは真実ではない」と言うことは、充分ありえます。言い換えるなら、私は六〇年代の初めごろ、狂気について沢山書き、精神医学の誕生についてのひとつの歴史を仕上げたのですが、私の行ったことが、歴史的な観点からすれば一面的で、誇張されたものであることを、私はよく承知しているのです。私は、自分の見解と矛盾する諸要素を無視したかもしれません。しかし、私の書いた本は、人々が狂気を見る仕方に影響を及ぼしました。そのことによって、私の本とそこで展開された主張は、今日の現実のなかでひとつの真理を持つのです。(2)

このように、一九八〇年代前後のフーコーは、自身のエクリチュールは「フィクション」以外の何者でもないとしたうえで、歴史家——ここでは、厳密で実証的な手法をとるアカデミシャンとしての歴史学者が想定されているが——による著作と、小説家による純然たるフィクションとしての小説のどちらでもない「歴史的なフィクション」こそ、自分が書いているものなのだと述べている。

こうした議論は、「汚辱に塗れた人々の生」での「文学」をめぐる議論と次のように関係づけることができるだろう。『狂気の歴史』のようなフーコーのエクリチュール、それは「小説」そのものではない。その意味において「文学」と同一のものではない。しかし、一面的で誇張された「非‐真理」でありながらも、今日の現実のなかで「真理」を持ち、「真理」を語るものである限りにおいてそれは「フィクション」に他ならない。まさに「フィクション」であるという点において、「文学」とフーコー自身のエクリチュールは踵を接しているといえるだろう。

本書ではこれまで、「制度としての文学」をそれたディスクールや「演劇」への関心という形で、七〇年代以降のフーコーにおいても「文学」との関係が残存していたことを証明してきたが、このように自身のエクリチュールを「フィクション」として語るフーコーの姿には、さらなる「文学」への歩み寄りを見て取ることができるだろう。それだけではない。晩年のフーコーは、「文学」の方へともう一歩前進する。というのも、ブランショ、バタイユ、クロソウスキー、ルーセルなど――六〇年代のフーコーにとって幾度となく称揚の対象となりながらも、「文学の放棄」ののちは七〇年代の大半にわたってフーコーのテクストからその名が消失することになった作家たち――が、「フィクション」をめぐる晩年のフーコーの発言のなかには回帰してくることになるからである。これらの作家はいずれも文字どおりの「大作家」であり、「制度としての文学」をそれるどころではなく体現するかのような存在である。そうした「大作家」に対して、晩年のフーコーは肯定的に語ることを躊躇しないのである。

そして、晩年のフーコーがこうして「大作家」への再接近をみせる要因は、やはり「汚辱に塗れた人々の生」のなかにその徴候を見出すことができる。第五章で述べたとおり、「汚辱に塗れた人々の生」において、「文学」「権力」と出会った無名の人々の「生」を語るものとして再定義される。そして上述の大作家たちは、まさに「フィクション」を「書くこと」によって自身の「生」を語り、その「生」を変容させることを務めとしたという点で晩年のフーコーによって再評価されることになる。「死」ではなく「生」との関連において「文学」を論じる七〇年代フーコーの姿勢は、晩年においてもこうして継続されているとともに、晩年のフーコーは「生」「フィクション」「文学」そして「エクリチュール」とのあいだに、緊密な結びつきを見出しているのである。

「フィクション」をめぐるこうした議論は、晩年のフーコーに突如現れたものではない。実際、一九六七年に行われたインタビュー「歴史の書き方について」においても、一見本章冒頭の引用と類似しているかのような次の発言がなされている。

私の本は純然たるフィクションです。それはひとつの小説です。しかし、それを生み出したのは私ではありません。それは、私たちの時代と、その認識論的布置の、言表の集積に対する関係なのです。主体というものが、私の本の全体に存在しているのが確かだとしても、その主体は、すべての言われたことのうちで今日語っている、匿名の「ひと」なのです。[3]

ここではやはり、自身のエクリチュールが「フィクション」であることが明言されている。そしてまたそれが「小説」であると述べられているように、「エクリチュール」「フィクション」が小説に代表される「文学」の近傍にあるものとして位置づけられている。

しかし、議論はその後晩年とは異なる転回をみせる。というのもそこではエクリチュールの「主体」として、「匿名の「ひと」」が名指されているからである。ここで問題とされている「匿名の「ひと」」とは何だろうか。また、「フィクション」が六〇年代のフーコーが文学論のなかで好んで論じた主題のひとつだとすれば、そうした文学論における「フィクション」とこの発言はいかなる関連のもとにあるのだろうか。そして、そうした六〇年代フーコーの「フィクション」「エクリチュール」「文学」をめぐる姿勢は、いかなる点で晩年のそれとは異なっているのだろうか。

こうした問題に向き合うことによって、六〇年代から晩年にわたる「文学」とフーコーとの関係の変容に、さらなる光を当てることが可能となるだろう。本章ではそのため、六〇年代フーコーのこの発言を出発点として、同時代文学論との関連を探ることから出発することとしたい(4)。

一　「フィクション」と「匿名の「ひと」」

一〇年以上の時を隔てて二つの時期になされた「フィクション」をめぐる発言を比較する場合、まず目を惹く明らかな相違は、「フィクション」と「歴史」、そして「小説」という、この三者の関係づけにある。つまり、六〇年代においては、「歴史」–「フィクション」–「小説」は一種の類縁性のもとに捉えられているのに対して、晩年の発言では、「歴史」と「小説」のいずれとも異なるものとして、フーコー自身の「フィクション」、すなわち「歴史的フィクション」が位置づけられている、という相違である。

六〇年代の対談は、「歴史の書き方について」と題されていることからも明らかなとおり、現在歴史はいかに記述されるべきであるかという点を主題として、『言葉と物』刊行後行われたものである。

フーコーはこの対談の冒頭で、現代の歴史学には大きな変動が起こっているといい、その主導者としてブローデルらアナール学派のような専門の歴史家たち、それに加えてアルチュセールなどの名を挙げる(5)。そして、この変動によって、彼自身『言葉と物』で実践したような、客観的に言表それ自体の厳密な記述を行う立場をとることが可能になり、それらの言表が形式的な諸規則に従っていることを明らかにすること、そして「異なった認識論的領域に関して、唯一の理論的モデルを見つけ、様々な言説の自律性を確認する」ことができるようになったのだとする(6)。具体的にいえば、『言葉と物』において、一般文法、博物学、富の分析という三つの異なった認識論的領域が、「古典主義時代の知(エピステーメー)」というモデルに属するものとして分析されているのが典型的な例として挙げられるだろう。

自らの歴史記述の方法についてこのように語るフーコーに対して、対談相手は、そうした記述が客観的だとしても、その記述の発生源であるフーコー自身のポジション、テクストに対する作者の占める場所を問わねばならないのではないか、と質問する(7)。まさにこの問いに対する回答として、フィクションをめぐる発言はなされたのである。

フーコーによれば、『言葉と物』のような著作が可能になったのは、「私たちの時代」にのみ限られた知の布置のあり方によるのであり、仮に彼の歴史に関する著作に「フーコー」という作者が存在するとしても、それは「私たちの時代」に属する「匿名の「ひと」」に他ならない。そして、その「匿名の「ひと」」によって語られた歴史こそ、「フィクション」であり「小説」としての彼自身の著作なのだ、というのが、この発言が行われた文脈なのである。

このような文脈を踏まえるならば、フーコーがこの発言において「歴史」「フィクション」「小説」との間に、「匿名の「ひと」」によって語られるという点において類縁性を見て取っているということがわかるだろう。こうした「匿名性」への注目という姿勢は、この対談に限らず、同時代にフーコーが精力的に発表した文学論において、「フィクション」や「小説」について言及される際にも共通してみられる。フーコーの、とくに六〇年代から七〇年代における「匿名性」の問題については、すでにローラ・ヘンゲホルトの網羅的な論文が存在するが[8]、文学論についてはわずかしか言及されていない。そこでここでは、その一例として、一九六六年に発表されたジュール・ヴェルヌ論、「ファーブルの背後にあるもの」に注目したい。

フーコーはこのテクストの冒頭で、物語（レシ）を分析する場合、二つの側面を区別して考えねばならないとする。それが、「ファーブル」と「フィクション」という二つの側面である。「ファーブル」とは物語られた出来事や人物、事件などのことを指し、「フィクション」とは語りの様態のことを指している[9]。

フーコーによれば、作品を定義するうえで重要なのは「ファーブル」よりも「フィクション」、物語内容よりも語りの様態であり、また「フィクション」のあり方は歴史的に変化してきたという。例えば一八世紀には、物語を作者が中断し、語られている出来事の判断を読者に仰ぐという語りが流行したが、一九世紀にはこうした語りは姿を消し、唯一の語り手による、書くという行為、語るという行為の内側に閉じこもり、中断を許さないような語りが優勢となった、とされる。[10]こうした議論に続けて、フーコーは、現代においては一九世紀とはまた異なる新たなフィクションのあり方が可能になったのだとして、次のように述べている。

それ〔＝一九世紀〕以降、文学作品において、新たな様態のフィクション（ただ自分のみで、場所を持たず、中断されることのない呟きのなかでの中性的な言語、外から闖入してくる耳慣れない言葉、それぞれ様態の異なる言説の寄せ集め）が認められ、かつては「寄生的な言説」として扱われ、それゆえ文学から追放されさえしたような言説で満ちたテクストを、その固有の構成法に従って読むことが、ふたたび可能になったのである。[11]

フーコーによれば、ジュール・ヴェルヌの作品は、まさにこうした「中性的な」「匿名の」「場所を持たない」言説によって織りなされた、「不連続」なフィクションによって語られるものなのである。

フーコーはこの不連続性の証拠として、ヴェルヌ作品が内包する様々な語り手に着目しているが、そのなかでもとりわけ重要なのが、科学的な言説が持つ機能である。科学的言説は、例えば地球の冷却化などを告げる「匿名的」で「中性的」な声として物語に闖入してくる。これに抗して戦うのが、ヴェルヌ作品における科学者たちである。彼は科学的言説の正しさを認めながらも、ある種「狂気」にも近い行動を通じて、世界の破滅を防ぐのである。[12] フーコーがヴェルヌの作品を「知のマイナス・エントロピー（la négentropie du savoir）」と呼ぶ所以がここにある。[13] フーコーによれば、ヴェルヌにおいて、「科学的言説の闖入」に代表される不連続な語りの様態、すなわちフィクションと、科学者の活躍のようなファーブルすなわち物語内容、そして熱さや冷たさのようなテーマは、こうして緊密に結びついているのであり、ここにヴェルヌ文学の特徴が存するのである。

こうした「匿名」の言説、「中性」的な言語への着目と称揚は、六〇年代のフーコーの文学論を貫く主題であり、多くのテクストで反復されている。ヴェルヌ論の同年に発表されたブランショ論「外の思考」においては、この「匿名性」が「主体の消滅」と言い換えられ、「主体の消滅」によって切り開かれる、話す主体や話す対象とは切断された「言語の存在それ自体」が姿を現す空間が「外」と名指されることになる。フーコーはこの「外」という空間についても、「フィクション」の語を使って語っている。「ファーブルの背後にあるもの」の場合と異なり、「外の思考」では、「フィクション」という語自体については明確な定義がされている訳ではなく、「現代のフィクション（la fiction moderne）」というように、単に「言葉による虚構の作品」という意味で用いている箇所もみられるが、[14] フーコーは現代のフィクションについて、次のようにも語っている。

それ〔＝フィクション〕はもはや、倦むことなくイメージを産み出し輝かせる力ではなく、反対にそれらのイメージの連結を解き、その過重な重荷を軽くしてやり、それらのイメージを少しずつ照らして、ついにはそれらを炸裂させ、イメージしえないものの軽やかさのうちに散乱させるような内的な透明さのうちにイメージを住まわせるような、そうした力であるべきなのだ。ブランショにおけるフィクションは、イメージであるよりもむしろ、イメージの変形であり、移動であり、中性的な仲介者、間隙であるといえよう。そのフィクションは正確なもので、日常的なものと匿名なものとのグリザイユという形象しか描くことはない。さらに、もしそのフィクションが感嘆を誘うとしても、それ自体としてであることは決してない。それは自らを取り巻く空虚において、自らが根も台座もなく置かれた空間においてなのだ。(15)

先に見たとおり、ヴェルヌ論では、現代において可能になったフィクションの言語が、「ただ自分のみで、場所を持たず、中断されることのない呟きのなかでの中性的な言語」とされていたが、「外の思考」における「中性的な仲介者」としての言語も、イメージを解体する力をもち、かつ「根も台座もない」無場所的な空間に属する自律的な言語であるとされている。

フィクションの言語に関する同様の主張は、これまでに触れた二つのテクストに先立つ一九六三年に発表された、「テル・ケル」派の作家たちを論じた「隔たり・アスペクト・起源」にも見ることができる。

この論文で、フーコーはソレルスの『フィクションの論理』を引き、そこで論じられている「中間的なもの（l'intermédiaire）」という概念に注目したうえで、この中間的なものによって明らかにされる領域、「恒常的で可動的な、言語それ自体の内的関係（un rapport constant, mobile, intérieur au langage lui-même）」こそ、ソレルスが「フィクション」の語のもとに呼んでいるものなのだ、とする。[16] そのうえで彼は「フィクション的なもの」（le fictif）について、不器用な言い方であるとは断りながらも、「存在しないものの、あるがままの、言葉の葉脈[17]（la nervure verbale de ce qui n'existe pas, tel qu'il est）」と定義している。

「言語それ自体の内的関係」、そして「言葉の葉脈」というイメージは、フーコーの文学論に頻出するものである。このテクストでは、「言葉の葉脈」に類似した表現として、文学作品同士がもつ関係性を指す「網目（réseau）」という語が用いられているが、[18] 先に論じた「外の思考」においては、語る主体や主題から切り離された、匿名の言語がもつ内的な関係が、本書第一章でも引用した箇所において、この「網目」という語によって語られている。

〔…〕言語は言説の存在様態から——すなわち表象の専制から——逃れ、文学の言葉は自身を出発点として展開され、ひとつの網目を形作る。この網目のひとつひとつの点は、他の点と明確に区別され、最も近い点からも隔たっているが、すべての点に対しては、それらを包摂すると同時に分かつ、そうした空間のうちに置かれている。〔…〕文学の「主体＝主題」（文学のうちで語り、文学がそれについて語るもの）とは、実定性をそなえた言語であるというよりは、「私は話す」の裸性のうちに言表されるとき、そこに言語が自身の空間を見出す、そのような空虚であろう。[19]

こうした「網目」や「葉脈」のイメージは、同時期のテクストにおいて、「書物」や「図書館」、「アルシーヴ」といったイメージによっても語られている。一九六九年の『知の考古学』において、「言説の集合体」を指すものとして「アルシーヴ」が持つ重要性を考慮するならば、言語の自律性と匿名性という主題は、六〇年代のフーコーが一貫して問い続けたものだといえるだろう。

二　フィクション、文学、エクリチュールと「死」

ここまで、六〇年代にフーコーが発表した文学論のうち、「フィクション」について集中的に論じられた代表的なものをいくつか検討してきたが、いずれのテクストにおいても、「歴史の書き方について」で述べられたような「匿名性」の主張が共通して行われていることが判明した。文学と歴史という、二つの異なる分野においてこのように共通点がみられることには、いかなる理由があるのだろうか。

それは、まさに「匿名」であることが、「死」という主題に必然的に結びつけられたものである点に求められるだろう。本書で幾度も確認したとおり、六〇年代フーコーの文学論は、「死」に彩られていた。「外の思考」の議論を踏まえるならば、「私は話す」という言明によって切り開かれたフィクションとしての文学空間において、話す主体は「匿名の「ひと」」と化すのだが、それは主体が「死」を迎えることによってなされる。そして「死」は、「文学」の語り手のみに訪れるのではない。前述のインタビューのとおり、フーコーの著作において語っているのは「フーコー」という個人ではなく、やはり「匿名の「ひと」」である。ここにおいて、現実のフーコー自身は「文学」の語り手と同様、エクリチュールを前にして「死」を遂げている。「死」は「文学」だけではなく、フーコー自身のエクリチュールにも訪れるのである。

一九六八年に行われたクロード・ボンヌフォワとの対談において、フーコーは自身のエクリチュールが「死」と結びついているというこの点について、明白に語っている。

> あなたとともに、私はタペストリーの裏側に留まってみたいのです。そして、私にとってエクリチュールとは死に結びついているのであり、おそらく本質的には他者の死に結びついて

いるのだと言いたいのです。〔…〕書くということ、それは私にとって、まさしく他者の死に関わっているのですが、そうした関わりはまさに他者がすでに死んだものであるという限りにおいてのものなのです。[20]

冒頭の言葉にも表れているとおり、この対談を通じてクロード・ボンヌフォワは、フーコーの「タペストリーの裏側」、すなわちその著作の裏側に秘められたフーコーの「個人」としての生を明らかにしたいと望んでいる。この発言は、その期待に応える形でなされたものである。ここでフーコーは、自身のエクリチュールが「死」と結びついていると明言したうえで、それは「死者」としての「他者の死」に関わるものであると述べている。

実際、「歴史を書くこと」とは、すでに死んだものについて書くことに他ならない。六〇年代のフーコーが「歴史の書き方について」で語った「フィクション」「小説」としての歴史、それは他者の「死」によって成立するものなのである。しかし、それはまた前述のとおり、書く主体である「フーコー」が「匿名なひと」として死を迎えることによってしかなされえない。「歴史」は「文学」と同様、「死」によって「匿名の「ひと」」と化した「作者」によって書かれるものであり、その点においてフーコー自身のエクリチュールと文学とは共通の土台のうえに立つものとなるのである。「エクリチュール」「文学」「フィクション」は、六〇年代のフーコーにおいては「死」という共通項によって結ばれているといえるだろう。

三　経験としての「フィクション」

しかし、晩年のフィクションをめぐる発言では、六〇年代におけるような、「死」によって「匿名の「ひと」」と化した作者は姿を潜め、その代わりとして、著作を書くなかで、歴史的な観点からは過ちを犯したかもしれない、現実の作者としてのフーコーが顔を出すことになる。そしてそれに伴って、「死」と結びつけられていた「文学」とフーコー自身のエクリチュールは、自らの「生」を変容させるための実践として位置づけられることになってゆく。

こうした変化を考察するうえで重要になるのが、ティモシー・オリアリーやティモシー・ライナー、ガリー・ガッティング[21]らの論者がいずれも注目する、「経験（expérience）」という概念である。オリアリーはフーコーにおける「経験」概念には二つのものがあると分類している[22]。

第一のものが、「限界 - 経験（expérience-limite）」と呼ばれるもので、『狂気の歴史』初版の序文において論じられる概念である。この「限界 - 経験」とは、ある文化が形成されるに際して、自らの「外部」を設定し排除するという、分割の身振りのことを指す。端的にいえば、西洋文化における理性と非理性の分割、まさにフーコーが『狂気の歴史』全体を通じて問題にした分割が、それに該当する。

そして第二のものが、「書物 - 経験（expérience-livre）」であり、晩年の「フィクション」をめぐる対談においてはまさにこの「経験」が語られることになる。「ミシェル・フーコーとの対話」の冒頭で、対話者のトロンバドーリは、フーコーがその著作活動のなかで、何度となく研究領域を移動させてきたことを指摘したうえで、現在の立場からみると以前の著作のいかなる点が乗り越えられたと考えているのか、質問を投げかける。(23) フーコーはこの質問に対して、次のように答えている。

〔…〕私は決して前と同じことは考えません。それは、私の書物が、私にとってひとつの経験、それも語の最も充実した意味における経験であってほしいと思うからです。経験というのは、それをくぐりぬけたあと、自分自身が変化を被っている、そういうものです。もし、自分がすでに考えたことを伝えるために一冊の本を書く必要に迫られたとしても、書く前から私はそんなことを試みようとする勇気すら持てないことでしょう。私が本を書くのは、私がそれほどまでに考えたがっているある事柄について、正確にはどう考えていいのかまだわからないからという、ただそれだけの理由によっているのです。そのようにして、書物は私を変容させ、私の考えていることを変容させるのです。(24)

自らの生を変えるために本を書くこと。後期、とくに『性の歴史』以降のフーコーが、「自らを主体として構築すること」という「主体化（subjectivation）」の問題を、西洋近代社会からキリスト教を経て古代ギリシア・ローマ世界へと遡りながら追求したことはすでに述べた。「書物‐経験」もまた、こうした晩年のフーコーの問題構成に由来するものであることは明らかであろう。[25]

フーコーによれば、書物という経験は、単にそれを書くものの生のみではなく、読者の生をも変容させることになる。先の引用で、自らの書物が人々の狂気についての見方を変えたことを強調するのは、ここに由来している。対談が進むに応じて、彼はこの点についてより踏み込んだ発言を行うことになるが、注目すべきことに、その際にフーコーはまさに「書物‐経験」こそ「フィクション」なのであると述べている。次の引用がその箇所にあたる。

よって、その書物〔＝『狂気の歴史』〕は、それを書いたり読んだりする者にとっては、歴史的な真理の確認であるというよりは、はるかにひとつの経験であるかのように働く書物なのです。もちろんですが、あの本を通じてこのような経験をするためには、歴史的に検証しうるアカデミックな真理という意味において、その本が語っていることが真実である必要があります。小説と全く同じものであってはならないのです。しかし本質的な点とは、真理や歴史的に検証しうるものの一連の確認にあるのではなく、むしろ、その書物が可能にする経験のなかに存在します。ところで、この経験とは、真でも偽でもありません。経験とは、つねにフィクションなのです。経験は、ひとが自分のために制作するものなのであり、制作に先立っては存在せず、制作のあとに存在することになるものです。これこそが真理との困難な関係なのであり、真理が自らとは結びついていない経験、ある点までは真理を破壊させる経験に巻き込まれる仕方なのです(26)。

この箇所でもやはり、経験を可能にする著作が、「小説」であってはならず、歴史的真実を踏まえねばならないとされているように、晩年のフーコーが論じる「歴史的フィクション」が、「小説」と「歴史」のいずれでもない、いわばその中間にあるものとされていることは、すでに述べたとおりである。中間にあるというのは、「完全な事実」としての「歴史」と、「完全な虚構」としての「小説」の狭間にあるものだということを指す。こうした「歴史的フィクション」の位置づけにおいて、「フィクション」という語は、「小説」という語と同様の意味、すなわち「虚構であること」という意味を担わされているといえる。

ところが、ここではフーコーは「経験」こそが「フィクション」であるとしている。それに続けて「ひとが自分のために制作するもの」が「経験」であるとも述べられていることを考慮するならば、フーコーはここで「フィクション」と「経験」との間に、「自らの変容のために、自らの手で作るもの」という共通点を見出しているのだとみなすことができるだろう。

四　文学と経験

そして、フーコーはこのように「フィクション」と「経験」について語ったうえで、こうした「経験」概念を自分に教えてくれた先駆者として、バタイユやニーチェ、ブランショ、クロソウスキーらの名を挙げ、彼らこそ「自分にとって最も重要な著作家たち」であったとしている。(27)フーコーはこれらの著作家から自分が継承した「経験」概念が、現象学において問題にされるものとは異なるものであることを強調する。

フーコーによれば、現象学においていかに日常的な経験とその意味が重視されるとしても、目的はあくまで超越論的主体としての「私」によってそれらがいかにして創設されるのか解明することに存している。(28)これに対して、次の引用にみられるとおり、フーコーはバタイユ、ブランショらが主張する「経験」とは「脱主体化（dé-subjectivation）」の試みなのだとしており、この脱主体化としての「経験」概念を共有する点に、フーコーは自らのエクリチュールと彼らの作品との連続性を見出しているのである。

主体を自分自身から引き離す限界の経験という観念、それこそが、ニーチェやブランショ、バタイユを読むうえで私にとって重要なものだったのです。そしてまたそれこそが、いかに退屈で専門的であろうとも、私にとってつねに自分の本を、自分自身から引き離し、自分のままであり続けることを妨げるための直接的な経験として考えさせてきたものなのです。(29)

ここでは、ブランショ、バタイユら文学者たちの作品を読むこととフーコー自身のエクリチュールとが、「脱主体化」としての「経験」、「フィクション」としての「経験」という点において連続的なものとして位置づけられている。晩年のフーコーにおいて、自らの書物を書くことと、文学者たちの作品を読むこと、「エクリチュール」と「レクチュール」は、ともに自己の生を変容させる契機――「フィクション」としての「経験」であるという点において対等なものとされているのである。

六〇年代において、文学によってもたらされる「レクチュール」と、フーコー自身の「エクリチュール」は、「死」という共通の土台のうえで論じられていた。「汚辱に塗れた人々の生」を経由したのち、晩年のフーコーにおいては、「死」ではなく「生」こそが、その土台となる。そしてこうした「死」から「生」への転回とともに、フーコーのテクストのなかには、ブランショやクロソウスキー、そしてルーセルといった、かつて「死」への眼差しのもとに論じた作家たちの名が、ふたたび回帰してくることになるのである。

ルーセルの場合を見てみよう。第一部で述べたとおり、フーコーは晩年にインタビュー「ある情念のアルケオロジー」のなかでルーセルに寄せる思慕の念を吐露することになるが、彼はそのなかでルーセルを「自己変容」としての「経験」を行った者として次のように語っている。

とても美しい一ページがありますが、彼はそのなかで、最初の本を出したあと、翌朝自分のまわりを光輝が取り巻き、道行くすべての人が彼こそは本を書いたその人なのだと認めることを待望したと書いています。それは、ものを書くだれもが胸に秘めている欲望です。最初のテクストが、他人のためでも、自分が自分であるために書かれるものでもないことは本当です。現在そうである自分とは異なるものであるために、ひとは書くのです。ものを書くということによって、ひとは自らの存在様態を修正することを狙うのです。ルーセルが注視し、探索していたのは、この存在様態の修正でした。彼はそれを信頼し、それゆえひどく苦悩することになったのです。(30)

ここでルーセルは、「現在そうである自分とは異なるものであるため」に書き、それによって「自らの存在様態」を修正したのだとされている。六〇年代の『レーモン・ルーセル』での議論を顧みた場合、これは驚くべき発言である。というのも、『レーモン・ルーセル』において、ルーセルはあくまで「生」ではなくその彼岸から出発して論じられていたからである。『私はいかにしてある種の本を書いたか』という「死後出版」の本からフーコーが議論を始めていたのは、まさにこの点にかかわっている。ところが、晩年の発言において、ルーセルは「死」ではなく「生」のために、自らの「生」を変容させるために書いた作家として、捉え直されることになるのだ。

こうして、晩年のフーコーの言葉のなかに、ルーセルは回帰を遂げることになった——あたかもルーセルの作品において、劈頭の文が一字を逆転させた形で終局の文として回帰するかのように。フーコーにおける最後のルーセルは、六〇年代においてそうであったような、作品によって言語の「異様な空間」を開いた作家ではない。最後のルーセル、それは作品を書くという営みによって「自己変容」を遂げた作家、「書くこと」による自己変容に生涯を捧げた存在として、異なる姿のもとに回帰しているのである。

おわりに

「自己変容」のために書くこと、それは晩年のフーコーの目的でもある。フーコー自身の「エクリチュール」もまた、ルーセルの「エクリチュール」と同じ目的のもとに置かれた、同じ行為となるのである。もちろん、フーコー自身晩年のインタビューで自身のエクリチュールを「歴史的フィクション」であり「小説」ではないものとみなしているとおり、フーコーは「文学」を書いているのではない。それは「フィクション」であれ一種の「歴史」である。しかしその「歴史」は、まさに自己の生を語り、それを自ら変容させるためのものであるという点で、「文学」とわずかに異なりながらもきわめて類似したものとなるのである。ここにおいても、第五章で述べた「ヌーヴェル」と同様、「文学」と「文学でないもの」との境界は曖昧なものとなっている。

こうして、晩年のフーコーは、六〇年代と異なり、「生」を共通項として「フィクション」「エクリチュール」そして「文学」を結びつけるに至る。「死」の彼岸から文学に接近したフーコーは、その晩年において、「生」の観点から再び文学への接近をみせることになったのである。ここに、文学が七〇年代以降のフーコーのなかに残存し続けたことの、いまひとつの証明を求めることができるだろう。

本書第二部でその過程を辿ってきたとおり、「文学」という対象は六〇年代と七〇年代以降のフーコーの議論のなかで、明確にその姿を変容させている。「ヌーヴェル」(第五章)であれ「非-文学」としての演劇(第六章)であれ「自己変容」としての文学(第七章)であれ、第二部で扱ったいずれの主題も、マラルメやクロソウスキー、ルーセルらの作品に事寄せて自らの思想、とりわけ「言語」に関する思想を展開していた六〇年代のフーコーにおいては不在のものである。

しかし、やはり第二部で検討したとおり、「文学」はその姿をほとんど「文学ではないもの」と踵を接するまでに変えながらも、晩年に至るまでフーコーの思想に付き添ってきた。フーコーは絶えず自己変容を続けながらも、ピエール・マシュレが示唆した文学と「ともに（avec）」思考するという姿勢を変わることなく保ち続けたのである。この意味において、フーコーはその死に至るまで、特異な形の「文学批評家」であり続けたのだといえよう。

結論

こうして、本書は「結論」に到達した。これまでの歩みを振り返るとしよう。

序論で述べたとおり、「覆面の哲学者」がその生涯に纏った覆面のなかでも、「文学批評家」としてのフーコーに関しては、これまで十分に光が当てられてはこなかった。それゆえ本書では、文学をめぐるフーコーのテクストを、六〇年代から晩年に至るまで追跡することを通じて、「文学批評家」という覆面がいかなる顔貌をしていたのか、それはフーコーの思想的変遷につれていかに変容してきたのか、彼の論じる「文学」もまた、それに合わせていかなる変容を経ることになったのかを浮き彫りにすることを目的とした。

第一部は、フーコーの六〇年代のテクストを対象とした。第一章では、フーコーの六〇年代文学論において、「書物」「図書館」という二つの特権的な形象がみられることに注目し、これら二つの形象が「アルシーヴ」といういまひとつの形象によって置き換えられていく次第を辿った。

これによって、文学言語における「空間性」とアルシーヴにおける「時間性」の相克を明らかにし、六〇年代後半にかけてフーコーが文学から離反していく軌跡を描き出した。

第二章では、こうした軌跡をより具体的に示す特権的な例として、六〇年代文学論におけるマラルメ像の変貌に注目した。フーコーにとってマラルメは、文学の精髄を体現した文学者として、哲学におけるニーチェと比肩する一方で、文学から離反するにつれて語られることが稀となってしまう。こうした過程を追跡することによって、マラルメとは、「言語」というものの存在に魅了されていた六〇年代フーコーの関心のありかを映し出す「フィクション」であり「鏡」のような存在だったことを証明した。

こうして第一章、第二章で六〇年代フーコー文学論の変遷を通観したのち、第三章では、こうした変遷とは外れたところにあるフーコー文学論の特異点として、フーコーが唯一「翻訳」という主題について明示的に語ったテクストである「血を流す言葉」に注目した。先行研究では顧みられることが少ないこのテクストを、クロソウスキーを論じたいまひとつのテクストである「アクタイオーンの散文」を重ね合わせて読むことによって、「侵犯」「起源」「シミュラークル」「死」というフーコー文学論に頻出する主題との連続性を証明した。それと同時に、このテクストはまさに「翻訳」という主題を扱ったものであるというその点において、他の文学論には還元しがたい独自性を備えたものとなっていることを指摘した。

続く第四章では、フーコー文学論におけるさらなる特異点として、『レーモン・ルーセル』に注目した。本書では、『レーモン・ルーセル』がフーコーの全著作のなかで占めている「例外性」「個人性」にこそ注目すべきだという視点から、この著作においてフーコーが展開している、「エクリチュールへのアプローチ」を形式的側面から考察した。それによって、『レーモン・ルーセル』が「円環」というまさしくルーセル的な形式のもとに書かれたものである点で「例外」的であり、かつこのテクストを書くフーコー自身の「私」が痕跡のように刻み込まれているという点で「個人的」なものであるということを明らかにした。

このように第一部では、六〇年代フーコーの文学論をその思想的変遷のなかに位置づけるとともに、マラルメ、クロソウスキー、ルーセルをめぐるフーコーのテクストがいかにその文学論のなかで特異な地位を占めているかを探求した。こうした本書の試みは、「文学批評家」という覆面を六〇年代後半に一度は捨てるに至ったフーコーの姿とともに、その覆面を目立たないながらも彩っていた特異な紋様を描き出すものであったということができる。

これに対して第二部では、七〇年代以降のフーコーと「文学」との関係に焦点を当てた。まず、「文学」からの離反を明言するフーコーの発言とは裏腹に、七〇年代以降のフーコーのテクストのなかには、「制度としての文学」をそれたところにある「無名のディスクール」「日常的なパロール」が、あたかもマラルメやクロソウスキーらと入れ替わるように出現していることを指摘した。

こうした前提のもと、第五章では、七〇年代以降のフーコーと「文学」の関係の変容を示すテクストとして、「汚辱に塗れた人々の生」を取り上げ、このテクストにおいて「ヌーヴェル」と「文学」とのあいだにフーコーがいかなる差異を設けているかに注目するとともに、二者が七〇年代のフーコーが精力的に論じた権力論といかに関連しているかを論じた。それによって、七〇年代のフーコーが文学論を「権力と生」という問題構成に基づいて論じるようになったことを明らかにした。それとともに、「文学」と「ヌーヴェル」とのフーコーの区別が曖昧である点に、七〇年代以降もフーコーが「文学」を完全には放棄しなかった要因を見出した。

第六章では、七〇年代以降のフーコーと「文学」との関係の変容を示すいまひとつの徴候として、「演劇」という文学ジャンルが七〇年代以降のフーコーのなかで次第に重要性を増していくことに注目し、ここに七〇年代以降のフーコーにおいて「文学」が形を変えながらも残存している徴候を見出そうと試みた。六〇年代のフーコーにおいて時として批判的に言及された「演劇」は、七〇年代以降「権力と生」がフーコーの関心となっていくにつれて、権力関係の変容をもたらす力を持ったものとして肯定的な評価を受けることになる。本書ではこうした変遷を辿ったうえで、フーコーにおいて「演劇」は、その意味合いを変えながらも、つねに「文学」とのあいだに一定の距離を保っていたこと、そしてこの距離は単に否定的なものではなく、この距離によって、その時々のフーコーが「文学」に寄せていた関心のありかを浮き彫りにするという特異な立場を占めていたということを明らかにした。

第七章では、「フィクション」についてのフーコーの議論に注目し、七〇年代後半以降のフーコーにおいて「文学」が残存していたことのいまひとつの証拠をそうした議論のなかに見出そうと試みた。それによって、「死」という彼岸から「文学」を論じていた六〇年代と異なり、晩年のフーコーは「生」を共通項として「フィクション」「エクリチュール」そして「文学」を結びつけていることを、エクリチュールを通した「自己変容」をめぐるフーコーの発言を通して明らかにした。あわせてこの点に、七〇年代以降長らく言及を控えるようになっていたブランショやルーセルらの名が晩年のフーコーにおいて回帰してくる理由を求めた。

こうして第二部で論じたとおり、七〇年代以降のフーコーは「文学批評家」という覆面を完全に放棄したわけではない。「死」という紋様は「生」に代わり、「権力」、「非‐文学」としての「演劇」、そして「自己変容」としての文学という新たな紋様が加わるといったように、その覆面の顔貌と「文学」の顔貌は、六〇年代と全く異なっている。ひとたびは「文学」への失望を語ったフーコーは、それでもなお晩年に至るまで「文学」の可能性をかつてとは別の形で模索していたのである。絶えず自己変容を続け、その思考の対象であった「文学」の定義もまた変容させながら、フーコーは常に文学と「ともに」思考していたのだ。ここに、「文学批評家」としてのフーコーと、その文学論の特異性――「本質」――を見出すことができるだろう。

以上を「結論」として、筆を擱くべきだろうか。いや、筆者の耳には、親愛なる読者が次のように訴える声が聞こえてくる。

――待ってください、いくつか質問があります。第一点ですが、あなたはフーコーが終生「文学批評家」であったと主張していますね。確かに、フーコーが文学と「ともに」思考し続けた人物であったことは認めましょう。しかし、七〇年代以降のフーコーが、結局纏まった形での「文学論」を残していない以上、ある時期以降の彼を「文学批評家」とみなすことなどできるでしょうか？　その後半生において、一冊も、一篇すらも纏まった文学論を著すことのなかった者を、「文学批評家」と名指してよいものでしょうか？　そうした人物は、せいぜいのところ「元」文学批評家なのではないでしょうか？

——そうですね、ようやく書くという労苦から解放される時が近づき、ほっと一息ついていたところなのですが、読者に応えるのは著者の義務でしょう。確かに、いささか説明不足だったかもしれません。フーコーが「文学批評家」であり続けた証拠を挙げるとしましょう。ここで注目したいのは、六〇年代のフーコーが「文学批評家」という存在をいかに定義しているのか、という点です。

その一例として、一九六四年の講演「文学と言語」の第二回において、彼は文学批評の変貌について、概略次のように語っています。(1) 曰く、伝統的な意味における文学作品の「批評」とは、ある作家の難解なエクリチュールを、批評行為によって理解可能なものに置き換え、一般の読者たちに接近可能にするという役割を担うものでした。フーコーはサント゠ブーヴの名を幾度か挙げていますが、あるエクリチュールをその作家の伝記的事実と結びつけて解釈したサント゠ブーヴは、まさにその典型でしょう。作品の最初の読者、一次的読者として、作品と二次的読者である一般人との間を媒介するのが批評家という職業だったのです。

ところが、フーコーによれば、当時の彼にとって現在であった六〇年代当時において、批評は従来とは全く異なる、伝統的な批評の領域には限定されない「言語全般の一般的機能」に変貌しました。それは、批評がエクリチュールの側に移行しつつあることによります。一方で批評家は、作者が作品を創造した時の心理的契機ではなく、そのエクリチュール自体にますます強い関心を示すようになっています。それだけではなく、批評それ自体が文学作品と同じエクリチュールであることを目指すようになっており、フーコーが同講演で強調するのはまさにこの点なのです。言い換えれば、一次的エクリチュールである文学作品とそれに対する二次的エクリチュールである批評との距離は、かつてないほど近いものになっているということです。

六〇年代になされたこの講演では、議論は結局のところ文学言語の「空間」性という、本書第一部で着目した論点に収斂していきます。七〇年代以降のフーコーが、こうした議論から離れていく次第についても、本書で確認したとおりです。その意味で、上述した「批評家」の定義もまた、フーコーにとってはその変容のなかで捨て去られていった過去に属する話題のひとつであったのかもしれません。では、なぜフーコーは晩年においても「文学批評家」であったといえるのか。その理由は次のとおりです。

やはり本書で検証したとおり、七〇年代以降のフーコーにおいて、「文学」という対象は六〇年代におけるそれとは異なり、「文学ではないもの」をも包含するような幅広い領域を指すものに変貌しています。それは講演「文学と言語」でフーコーが「文学」と呼んでいるものとは、もはや異なるなにかであり、両者の間には断絶があります。文学言語の「空間」性などについて、フーコーが語ることはなくなるのです。しかしそれでも、「文学」とともに思考し、「文学」について語ること、それによって「自己変容」を目指すことを完全に止めることはなかった晩年のフーコーは、「二次的エクリチュール」としての「文学批評」を手放すことがなかったのです。

そしてこの「二次的エクリチュール」は、六〇年代にもまして、「二次的エクリチュール」に接近したものとなっています。なぜといえば、文学作品を書く作家と、彼らの作品を読み、それについて語るフーコーは、エクリチュールという共通項を通じて「自己変容」を企図しているという点において、きわめて近しい存在だからです。

それゆえ、本書第七章で述べた「エクリチュールによる自己変容」という晩年の議論は、まさに「文学と言語」でフーコーが新しいものとみなしている「批評」が、別の形で実現されたものであるということができないでしょうか。たとえ纏まった「文学論」を著すことはなかったとしても、彼はやはりその一面として晩年に至るまで「文学批評家」であり続けたのだ、ということは許されるのではないでしょうか？

――ふむ、いささか詭弁めいて聞こえなくもないですが、よしとしましょう。あなたもお疲れのようですから、第二、第三の質問を手短にさせてください。あなたは「自己変容としての文学」を、フーコー文学論の終着点とみなしている節がありますね。晩年のフーコーがそうした議論をするに至った必然性については分からなくもありません。しかし、議論それ自体を取り上げた場合、彼にしては珍しく凡庸な見解であるように思えませんか？　書くことを通じて作者が変容し、それを読むことを通じて読者もまた変容するというのは、フーコーでなくとも他の作家がしばしば口にすることではないでしょうか？

第三の質問はこれに関連するものですが、もし晩年のフーコーが「文学」について語ったことが、それ自体としては何の変哲もないものであるという私の仮定が正しいとすれば、フーコーの文学論をあえて読まねばならない理由というものは存在するのでしょうか？「序論」でこの問題にも取り組むと明言されている以上、あなたは答えを出さざるを得ないと思うのですが。

――よろしい、受けて立ちましょう。ご指摘のとおり、「自己変容としての文学」という議論自体は、なるほど決してフーコーの独創ではありますまい。私たちにとって身近な例として、日本人作家の例を挙げるとしましょう。若き日の福永武彦は、ロマン（小説）を完成させた友人への書簡という形式をとった批評のなかで、次のように語っています。

ロマンの面白味とは何か。これを読者の側から言えば、彼等の精神的な変身 métamorphose に在ると思う。が、小説家がロマンを書く時の面白味は（ああしかし、面白味より何と苦痛ばかり感じていることか）、やはり彼自身の変身になるのではないか。登場人物への変身は常に私というものを基礎に置きながら、そこにあらゆる変化への可能性を孕んでいる。この可能

性の無いところに、ロマンの存在などということは僕には考えられない。(2)

ロマンの作者である小説家と読者が、それを書き、読むなかで変身するということ。ここでは「登場人物への変身」を通じた「あらゆる変化の可能性」がロマンの存立条件とされています。これはまさしくフーコーの語る「自己変容としての文学」に近しい主張でしょう。同様の見解は、福永に限らず、多くの作家や批評家が述べていることと思われます。それゆえ、あなたが提示された第二の質問に関しては、大筋では肯定する他ないでしょうね。

しかし、凡庸さの中にも、やはりフーコー独自のものがあります。何かといえば、先ほども述べたとおり、晩年のフーコーが語る「文学」というものが、六〇年代とは異なり、極めて広大な領域を指すものになっている、という点です。福永があくまで「小説家」とその「ロマン」による自己変容を語っているのに対して、七〇年代以降のフーコーが語る「文学」は、「文学ではないもの」と境界を接するものになっているのです。これが、第三の質問に対する答えに関係してきます。

今我々は「文学」や「批評」について喋々していますが、しかしあなたのような、わざわざ本書を手に取るような happy few――happy かどうかは存じませんが、few なのは残念ながら確かでしょう――を別とすれば、大方の人々にとって「文学」も「批評」も縁遠いものです。一体、今日の社会で、「文学」というこの奇妙な対象が話題にされることなどあるでしょうか。ガルシア・マルケスの文庫版が売れ行き好調だといったところで、それは大海の一滴にすぎません。大学の文学部や文壇といった、数寄者によって形成される極小社会の内側では、「文学」を語るのが日々の営みなのかもしれません。しかしそこでも、フーコーや福永と同じだけの熱量をもって「文学」を愛している人は、果たしてどれほどいることでしょうか。

——あなたは何の話をしているのですか。

——もう少し我慢してお聞きください。私は別に「読書離れ」や「文学離れ」を良心的立場から難じようとしているのではありません。それでは、人々は「文学」から完全に離れてしまっているのでしょうか。「文学」を「制度化されたエクリチュール」の意味で捉えるならば、それはもはや人々にとって何の意味も持ち得ていないのかもしれません。

しかし今日、人々は「文学」ではない言葉、「文学」と呼ばれることは決してない言葉の群れに、有史以来なかっただろう規模で囲繞されているのではないでしょうか。何かといえば、SNS上に日々刻々と排出される、あの膨大な言葉の集塊です。それは、街頭に立ち、あるいは電車に乗るだけで明らかです。一心にスマホを見つめる群衆という異様なものがあたりまえの風景になった世界に、我々は生きているのです。ここで恥を忍んで告白すれば、私も読まねばならない本を脇に置いて、無為にそうした言葉を眺めて過ごし、後になって激しく後悔することが稀ではありません。

率直に言って、それらの言葉の大半はゴミのようなものであり、およそ美というものを欠いた汚物の垂れ流しに等しいものです。讒謗、風説、自己愛と自己宣伝に満ち満ちたその言説空間は、空無な諍いが終わりなく続く修羅の国です。そしてまたそれらは、人々の言動を監視し、「炎上」という形で制裁を与える、ある種の権力の網の目を構成しています。

我々がそうした言葉に自ら望んで日々接しているのは、なぜなのでしょうか。もちろん、ゴミにはゴミなりの魅力があるもので、私もどこかしらそうした汚物に惹かれている面があることは否定しません。しかし、本当に原因はそれだけなのでしょうか。実際のところ、我々が日々言葉の肥溜めを掻きわけているのは、汚泥に咲く一輪の花のような何かを求めてのことなのではないでしょうか。それは読者である自分のなにがしかを変容させる強度をもった言葉であり、他のいかなる言葉にも還元しがたい叫びのような言葉、一瞬の偉大さを輝かせる言葉なのです。私は一度ならずそのような言葉に巡り合いましたし、そうした機会など存在しないのであれば、私はスマホを金輪際開くことなく、読むべき本を読んで過ごすことでしょう。

私は、おそらく他の人々もそうなのであろうと信じています。そして私が求めているような言葉こそ、七〇年代以降のフーコーが「制度化されたエクリチュール」とは異なるものとしての「文学」――「汚辱に塗れた人々」をめぐる言葉や、「自己変容」を引き起こす言葉――のうちに見出していたものなのです。もちろん、汚泥をなす言葉のほとんどは、ただ自らの優位を肯定することを求めるだけの、書き手と読み手の双方をいささかも揺るがすことのない、言葉の形をとった排泄物に留まります。しかし、そこにはやはり、フーコーが、そして彼のみならず人々がかつて「文学」に期待していたような、力に満ちた言葉が潜んでいるのです。

加えて、もし人々がそうした言葉に触れ、それに対する応答を行うことで新たな書き手となるとき、その行為はまさしく「批評」――一次的エクリチュールに触発されて生み出された二次的エクリチュールであり、「自己変容」という目的をそれと同じくするもの――なのではないでしょうか。今日、「文学」とも「批評」とも縁なき衆生であると思いなしている我々は、日々のなかで、おそらく他のどの時代にも増して、絶えず「文学」と「批評」に接しているのではないでしょうか。

それゆえ、第三の質問には、こう答えることができるでしょう。ニーチェ以来の哲学の務めとは、「現在の診断」であるとフーコーは語っていました。我々を取り巻く言葉のうちには、誰もそれを「文学」と呼ぶことのない、しかし「文学」と同様、そこでは誰かの「自己変容」が賭けられているような言葉が漂っている。そうした我々の「現在」を診断するために、今こそフーコーの文学論を読まねばならないのです。

――それであなたは自分を正当化できたと信じているのですね、長いとはいえないが読むのには難渋した、これだけのページをかけて……

注

序論

（1）*DEII*, p. 923-929.〔「覆面の哲学者」『ミシェル・フーコー思考集成Ⅷ』所収、市田良彦訳、筑摩書房、二〇〇一年、二八三―二九二頁〕

（2）*DEI*, p. 633-634.〔「フーコー教授、あなたは何者ですか？」『ミシェル・フーコー思考集成Ⅱ』所収、慎改康之訳、筑摩書房、一九九九年、四五九―四六〇頁〕

（3）*AS*, p. 28.〔『ミシェル・フーコー『知の考古学』慎改康之訳、河出文庫、二〇一二年、四〇頁〕

（4）小泉義之・立木康介編『フーコー研究』岩波書店、二〇二一年。

（5）相澤伸依ほか『狂い咲く、フーコー――京都大学人文科学研究所 人文研アカデミー『フーコー研究』出版記念シンポジウム全記録＋（プラス）』読書人新書、二〇二一年、二三頁。

（6）Béatrice Han, *L'Ontologie manquée de Michel Foucault : entre l'historique et le transcendental*, J. Millon, 1998.

（7）*Ibid.*, p. 91.

（8）Hubert L. Dreyfus and Paul Rabinow, *Michel Foucault : beyond structuralism and hermeneutics*, Harvester, 1982.〔ヒューバート・L・ドレイファス、ポール・ラビノウ『ミシェル・フーコー――構造主義と解釈学を超えて』山形頼洋ほか訳、筑摩書房、一九九六年〕

（9）「哲学者」としてのフーコーを論じる研究のなかで、市田良彦『フーコーの〈哲学〉――真理の政治史へ』（岩波書店、二〇二三年）は特異な位置を占めているといえよう。市田の著作もやはり、一定の留保は与えつつも、最終的にフーコーを「哲学者」とみなすことを肯定している。

とはいえその行論のなかで彼の文学論が等閑視されることはなく、晩年のコレージュ・ド・フランス講義「自己と他者の統治」にみられる「真理の言説の存在論」という概念を出発点として、「ファーブルの背後にあるもの」「隔たり・アスペクト・起源」「外の思考」そして没後刊行の講演「言語外的なものと文学」「文学と構造主義」などの文学論が縦横に俎上に載せられている（第三章「フィクション、真理、主体」）。「八〇年代のパレーシア論は六〇年代の文学論のアップデートである側面を持っていたはずである」（一二〇頁）という主張は刺激的なものであり、フーコーの文学論と晩年の思想との連関について、本書では充分に展開できなかった論点に光を当てるものである。

しかし市田の議論においても、後述のルヴェルらと同様、六〇年代末以降のフーコーによる「文学の放棄」は自明の前提とされている（実際、パレーシア論が文学論の「アップデート」であるならば、古いバージョンである文学論が発展的解消という形で捨て去られてしまうのは自明の理だろう）。

（10）Judith Revel, *Foucault, une pensée du discontinu*, Mille et une nuits, 2010. なお「線的ではない一貫性」という論点については、特に第一章 « Une cohérence difficile »（p. 27-38.）および第二章 « Discontinuité de la pensée ou pensée du discontinu? »（p. 39-78.）を参照されたい。

（11）Jean-François Favreau, *Vertige de l'écriture : Michel Foucault et la littérature (1954-1970)*, ENS Éditions, 2012.

（12）武田宙也『フーコーの美学——生と芸術のあいだで』人文書院、二〇一四年。

（13）Voir Pierre Macherey, « Foucault lecteur de Roussel : la littérature comme philosophie » dans *À quoi pense la littérature ?*, Presses Universitaires de France, 1990, p. 177-191.〔ピエール・マシュレ「ルーセルの読者フーコー——哲学としての文学」『文学生産の哲学』所収、小倉康誠訳、藤原書店、一九九四年、二四七—二六七頁〕および Philippe Sabot, « Penser sous condition de la littérature » dans *Philosophie et littérature*, Presses Universitaires de France, 2002, p. 100-120.

（14）*GE*, p. 16-19.〔ミシェル・フーコー『フーコー文学講義――大いなる異邦のもの』柵瀬宏平訳、ちくま学芸文庫、二〇〇一年、一七―二〇頁〕

第一章

（1）Judith Revel, *op. cit.*, p. 117-152.

（2）Daniel Liotta, « Une nouvelle positivité Michel Foucault : de la littérature au militantisme », dans *Archives de philosophie*, vol. 73, no. 3, p. 485-509.

（3）上田和彦は、これらの論者とは別の角度から、七〇年代以降の権力論および「統治性」についての議論の変遷のなかにフーコーの文学からの離反を位置づけている。上田和彦「「文学」の失効を語るフーコーを巡って――統治性の変遷から見た文学の行方」『フーコー研究』所収、一八二―二〇〇頁。

（4）*DEI*, p. 547.〔「外の思考」『ミシェル・フーコー思考集成Ⅱ』所収、豊崎光一訳、三三六頁〕

（5）*Ibid.*, p. 548.〔同書、三三七頁〕

（6）*Ibid.*, p. 566.〔同書、三六二頁〕

（7）*RR*, p. 209.〔ミシェル・フーコー『レーモン・ルーセル』豊崎光一訳、法政大学出版局、一九七五年、二三二頁〕

（8）*DEI*, p. 288-289.〔「言語の無限反復」『ミシェル・フーコー思考集成Ⅰ』所収、野崎歓訳、筑摩書房、一九九八年、三三八―三三九頁〕

（9）*Ibid.*, p. 289.〔同書、三三九頁〕

（10）*Ibid.*, p. 325-326.〔「幻想の図書館」『ミシェル・フーコー思考集成Ⅱ』所収、工藤庸子訳、二一―二四頁〕

（11）*Ibid.*, p. 326.〔同書、二五頁〕

（12）『ミシェル・フーコー思考集成Ⅱ』、四七頁。

(13) *DEI*, p. 991.〔「文学・狂気・社会」『ミシェル・フーコー思考集成Ⅲ』所収、筑摩書房、一九九九年、四五九頁〕

(14) *Ibid.*, p. 583-584.〔「彼は二つの単語の間を泳ぐ人だった」『ミシェル・フーコー思考集成Ⅱ』所収、松浦寿輝訳、三八八—三八九頁〕

(15) 武田宙也、前掲書、六三頁。

(16) *DEI*, p. 327.〔「幻想の図書館」『ミシェル・フーコー思考集成Ⅱ』所収、二五—二六頁〕

(17) *Ibid.*, p. 800.〔「ミシェル・フーコー、近著を語る」『ミシェル・フーコー思考集成Ⅲ』所収、慎改康之訳、一九七頁〕

(18) *AS*, p. 32-33.〔『知の考古学』、四五—四六頁〕

(19) *Ibid.*, p. 171.〔同書、二四八頁〕

(20) *Ibid.*, p. 33-34.〔同書、四六—四八頁〕

(21) *DEI*, p. 991-992.〔「文学・狂気・社会」『ミシェル・フーコー思考集成Ⅲ』所収、四六〇頁〕

第二章

(1) *MC*, p. 316-317.〔ミシェル・フーコー『言葉と物——人文科学の考古学』渡辺一民・佐々木明訳、新潮社、一九七四年、三二四頁〕

(2) その例として、以下の論考が挙げられる。Vincent Kaufmann, *La Faute à Mallarmé : l'aventure de la théorie littéraire*, Seuil, 2011. Jean-François Hamel, *Camarade Mallarmé : une politique de la lecture*, Éditions de Minuit, 2014. Gérard Dessons, « Le Mallarmé des Sixties », dans *Europe*, vol. 76, no. 825, 1998, p. 64-77.

(3) こうした研究として、以下のものが挙げられる。Simon During, *Foucault and literature : toward a genealogy of writing*, Routledge, 1992. Jean-François Favreau, *op. cit.* Michael Gartrell, *Foucault e Mallarmé : o espessamento da*

linguagem, Universidade de São Paulo, 2016. Judith Revel, *op. cit.* 阿部崇『ミシェル・フーコー、経験としての哲学――方法と主体の問いをめぐって』法政大学出版局、二〇一七年。武田宙也、前掲書。唯一ミカエル・ガルトレルの論文は、この問題に正面から向き合ったものといえるが、しかしあくまでマラルメを『言葉と物』での言語についての議論のなかに位置づけることに努力が注がれており、『言葉と物』に留まらないフーコーのマラルメ論の射程や、マラルメがニーチェと一対のものとして論じられていることがもつ意味については、考察が及んでいない。

（4）*MC*, p. 55-56.〔『言葉と物』、六五―六七頁〕

（5）*Ibid.*, p. 56.〔同書、六六頁〕

（6）*Ibid.*, p. 57.〔同書、六八頁〕

（7）*Ibid.*, p. 92-95.〔同書、一〇二―一〇四頁〕

（8）*Ibid.*, p. 309.〔同書、三一七頁〕

（9）*Ibid.*, p. 312-313.〔同書、三二一頁〕

（10）*Ibid.*, p. 58-59.〔同書、六九頁〕

（11）*DEI*, p. 446.〔「狂気、作品の不在」『ミシェル・フーコー思考集成II』所収、石田英敬訳、一九一頁〕

（12）*Ibid.*, p. 447.〔同書、一九二―一九三頁〕

（13）*GE*, p. 139-140.〔『フーコー文学講義』、一五九―一六〇頁〕

（14）*DEI*, p. 462-463.〔「J＝P・リシャールのマラルメ」『ミシェル・フーコー思考集成II』所収、兼子正勝訳、二一五頁〕

（15）*MC*, p. 317.〔『言葉と物』、三二四―三二五頁〕

（16）*Ibid.*, p. 352.〔同書、三六二―三六三頁〕

（17）*Ibid.*, p. 394-395.〔同書、四〇五―四〇六頁〕

(18) *Ibid.*, p. 397.〔同書、四〇八頁〕

(19) Henri Meschonnic, « Oralité, clarté de Mallarmé », dans *Europe*, vol. 76, no. 825, 1998, p. 3.

(20) Kevin Hart, « Blanchot's Mallarmé », dans *Southerly*, vol. 68, no. 3, 2008, p. 154.

(21) Bertrand Marchal, *La Religion de Mallarmé : poésie, mythologie et religion*, José Corti, 1988.

(22) 以下の論文を参照されたい。立花史「ジャック・デリダのマラルメ――「二重の会」を中心に」『フランス語フランス文学研究』第一〇七巻、二〇一五年、一八七―二〇一頁。

(23) Maurice Blanchot, *La Part de feu*, Gallimard, 1949, p. 81.〔モーリス・ブランショ『完本 焔の文学』重信常喜・橋口守人訳、紀伊国屋書店、一九九七年、九四―九五頁〕

(24) *DEII*, p. 863.〔「ミシェル・フーコーとの対話」『ミシェル・フーコー思考集成Ⅷ』所収、増田一夫訳、一九七頁〕

(25) Hans Sluga, « Foucault's encounter with Heidegger and Nietzsche », dans *The Cambridge companion to Foucault*, Cambridge University Press, 2005, p. 224-225.

(26) *AS*, p. 32-33.〔『知の考古学』、四五―四六頁〕

(27) *Ibid.*, p. 34-35.〔同書、四八―四九頁〕

(28) Michel Foucault et Roger-Pol Droit, *Entretiens*, Odile Jacob, 2004, p. 77.〔「哲学を厄介払いする――文学について、これまでの軌跡について」『わたしは花火師です――フーコーは語る』所収、中山元訳、ちくま学芸文庫、二〇〇八年、五六頁〕

(29) *DEI*, p. 464.〔「J＝P・リシャールのマラルメ」『ミシェル・フーコー思考集成Ⅱ』所収、二一七頁〕

(30) フーコー研究においては、六〇年代の文学論と後期にあたる八〇年代の議論とのあいだに一貫性を見出す立場が存在する。「外（dehors）」の主題からフーコーの思想的変遷にアプローチした武田宙也の研究はその代表といえるだろう。本章ではマラルメとフーコーとの離別に重点を置いて考察したが、とはいえフーコーはマラルメを論じる際に、時折「話すことがもつむきだしの力（pouvoir dénudé de parler）」のように、最晩年の「真理を語ること（パレーシア）」という主題との微かな繋がりを喚起させる表現を用いてもいる。「真理を語ること」は「言葉」によってなされる言語行為である限りにおいて、「言葉」を用いる「文学」と完全に無縁なものなのではない。「パレーシア」もまた真理を「語ること」によって自己と他者を変容する力をもつものであるとフーコーが考えている点において、確かに文学とパレーシアとは連続するもののように思える。

しかし、その「言葉」の用いられ方は、「文学」と「真理を語ること」においては全く異なっている。六〇年代フーコーの文学論において、「語ること」はあくまでマラルメのテクストのような「文学」、「エクリチュール」によってなされるものであった。それに対して、「真理を語ること」は「エクリチュール」を介さない、実在する哲学者の「パロール」によって担われるものなのである。このように、「文学」と「パレーシア」は、「言葉」を用いるものであるという点によって共通項を持ちながらも、前者の言葉は「エクリチュール」、後者は「パロール」であるという点において袂を分かつことになるのである。

（31）*GE*, p. 136-140.〔『フーコー文学講義』、一五六－一六〇頁〕／*FLL*, p. 138-143.〔ミシェル・フーコー『狂気・言語・文学』阿部崇・福田美雪訳、法政大学出版局、二〇二二年、一七八－一八四頁〕

第三章

（1）Pierre Klossowski (trad.), *L'Énéide*, Gallimard, 1964.

（2）クロソウスキーの『アエネーイス』出版が当時のフランス文学界に巻き起こした反響については、パトリック・アムシュトゥッツが詳細に典拠を示している。Voir Patrick Amstutz, « Rêver sa langue : *L'Énéide* de Klossowski » dans *Traversées de Pierre Klossowski*, Laurent Jenny et Andreas Pfersmann (éds.), Librairie Droz, 1999, p. 99.

（3）Cédric Chauvin, « Critique du sujet et traduction chez Pierre Klossowski », *Doletiana: revista de traducció, literatura i arts*, no. 1, 2007. p. 1-16. Leslie Hill, *Bataille, Klossowski, Blanchot : writing at the limit*, Oxford University Press, 2001. 大森晋輔『ピエール・クロソウスキー――伝達のドラマトゥルギー』左右社、二〇一四年。

（4）Antoine Berman, *La Traduction et la lettre, ou, L'auberge du lointain*, Seuil, 1999.〔アントワーヌ・ベルマン『翻訳の倫理学――彼方のものを迎える文字』藤田省一訳、晃洋書房、二〇一四年〕

（5）Judith Revel, *op. cit.* フーコーの文学論は第四章 « Du littéraire au politique » で集中的に論じられている（p. 117-152.）。

（6）Jean-François Favreau, *op. cit.* フーコーのクロソウスキー論については、第四章 « Les ruses du même : les simulacres de Klossowski » で扱われている（p. 147-199.）。

（7）*DEI*, p. 452.〔「血を流す言葉」『ミシェル・フーコー思考集成Ⅱ』所収、兼子正勝訳、二〇〇―二〇一頁〕

（8）*Idem.*〔同書、同頁〕

（9）*Idem.*〔同書、二〇一頁〕

（10）*L'Énéide*, p. 5. 改行は原著による。なお、日本語訳『アエネーイス』（岡道夫・高橋宏幸訳、西洋古典叢書、京都大学学術出版会、二〇〇一年、四頁）では、該当箇所は以下のように訳されている。

「戦いと勇士をわたしは歌う。この者こそトロイアの岸から始めて／イタリアへと運命ゆえに落ち延びた。ラウィーニウムの岸辺へ／着くまでに」（改行を表す「／」は引用者による。）

（11）Virgile, *Œuvres*, tome III, Henri Goelzer (éd.), André Bellessort (trad.), Les Belles Lettres, 1925, p. 39. 改行は原著による。

（12）大森晋輔、前掲書、二五四頁。

（13）クロソウスキーと対照的な「水平的」翻訳の例として、大森やベルマンは一九二五年に出版されたアンドレ・ベルソールによる訳文を挙げている。そこでは『アエネーイス』第一歌冒頭は次のように訳されている。

« Je chante les armes et le héros qui, premier entre tous, chassé par le destin des bords de Troie, vint en Italie, aux rivages où s'élevait Lavinium. » (Virgile, *op. cit.*, p. 38.) クロソウスキーと異なり、この訳文はウェルギリウスの韻文を散文的に訳し下しており、原作の語順はフランス語の構文に適うよう改変が加えられている。

(14) もっとも、多くの論者が指摘するとおり、クロソウスキーの訳文はラテン語の語順を尊重しているとはいえ、完全な逐語訳ではない。原作の語順を完全に維持したまま、読者の理解しうるフランス語に置き換えることは不可能だからである。クロソウスキーの『アエネーイス』は、フランス語としての理解可能性とラテン語原文の尊重という両極の緊張のあいだでなされた、一種の超絶技巧であるといえるだろう。逐語訳のほかに、クロソウスキーが訳文の選択においていかなる技巧を凝らしたかについては、アムシュトゥッツやベルマンらの研究が詳らかにしている。

(15) *DEI*, p. 453-454.〔「血を流す言葉」『ミシェル・フーコー思考集成II』所収、二〇二―二〇三頁〕

(16) *Ibid.*, p. 454.〔同書、二〇三頁〕

(17) *Idem.*〔同書、同頁〕

(18) *Ibid.*, p. 455. なお、該当箇所は兼子による翻訳文では訳出されていない。

(19) Pierre Klossowski, *Les Lois de l'hospitalité*, Gallimard, 1965.〔ピエール・クロソウスキー『歓待の掟』若林真・永井旦訳、河出書房新社、一九八七年〕

(20) Pierre Klossowski, *Le Bain de Diane*, Jean-Jacques Pauvert, 1956.〔ピエール・クロソウスキー『ディアーナの水浴』宮川淳・豊崎光一訳、風の薔薇、一九八八年〕

(21) *DEI*, p. 357.〔「アクタイオーンの散文」『ミシェル・フーコー思考集成II』所収、豊崎光一訳、六五頁〕

(22) *Ibid.*, p. 363.〔同書、七二頁〕

(23) *Idem.*〔同書、七三頁〕

(24) *Ibid.*, p. 364.〔同書、七四頁〕

（25）*Ibid.*, p. 453.〔「血を流す言葉」同書所収、二〇一－二〇二頁〕

（26）*Ibid.*, p. 454.〔同書、二〇三頁〕

第四章

（1）*DEII*, p. 1426-1427.〔「ある情念のアルケオロジー」『ミシェル・フーコー思考集成X』所収、鈴木雅雄訳、筑摩書房、二〇〇二年、六七頁〕

（2）ピエール・マシュレはフーコーのこの発言に対して、「いくらか狂気じみたこの本〔＝『レーモン・ルーセル』〕、特異な著作群のなかでも、とりわけ特異であろうこの本を取り巻いている神秘を、フーコーは維持しようと欲したかのようだ」と指摘している。（Pierre Macherey, « Avec Foucault avec Roussel », dans *Michel Foucault*, Philippe Artières et al. (éds.), Édition de l'Herne, 2011, p. 177.）

（3）Gilles Deleuze, *Foucault*, Édition de Minuit, 1986.〔ジル・ドゥルーズ『フーコー』宇野邦一訳、河出書房新社、一九八七年〕

（4）『レーモン・ルーセル』の思想的な位置づけを問題とした先行研究としては、以下のものがある。著作としては、Simon During, *op. cit.* Judith Revel, *op. cit.* 武田宙也、前掲書、阿部崇、前掲書など。論文としては、Denis Hollier, « Le mot de Dieu : « Je suis mort » », dans *Michel Foucault philosophe*, Association pour le Centre Michel Foucault, Seuil, 1989, p. 150-165. 慎改康之「不可視なる可視――『レーモン・ルーセル』と考古学」『言語文化論集』第五五号、二〇〇一年、三三－五五頁などがある。

（5）*DEII*, p. 1426.〔「ある情念のアルケオロジー」『ミシェル・フーコー思考集成X』所収、六六頁〕

（6）先行研究のなかでは、わずかにピエール・マシュレやジャン＝フランソワ・ファヴローの著作のみが、「いかにして」フーコーは読み／書いたのかというこの点に意識的であった。Cf. Pierre Macherey, « Foucault lecteur de Roussel : la littérature comme philosophie » dans *op. cit.*〔ピエール・マシュレ、前掲論文〕および

Jean-François Favreau, « Roussel, le langage dans son château », dans *op. cit.*

マシュレはこの論文において、「フーコーは文学について（sur）考察するというよりも、文学とともに（avec）作業したのだ」と述べ、哲学と文学との協働がフーコーの文学論――とりわけその特権的な例である『レーモン・ルーセル』――には見出されるとしたうえで、フーコーがルーセルのテクストを「いかに読んだか」を問題としている。

またファヴローは、『レーモン・ルーセル』は「テクストが理論化することを実践している」唯一の例であるとして、「フーコーがルーセルを読んだようにフーコーを読む」ことを主張している。しかし両者の議論では、「いかにして」の問いは部分的なものに留まっており、論考の大半は「何が」という「主題」をめぐる分析に費やされている。そのため、「いかにして」という問題はいまだ未開拓なままに留まっているといえる。

なお、フィリップ・サボはマシュレの議論を引き受けたうえで、『哲学と文学』と題された著作において、アラン・バディウのベケット論とフーコーのルーセル論を比較しながら、哲学と文学との関係を考察している。Voir Philippe Sabot, *op. cit.*

（7）*RR*, p. 41.〔『レーモン・ルーセル』、三九頁〕

（8）*Ibid.*, p. 17.〔同書、一三頁〕

（9）*Ibid.*, p. 19.〔同書、一五頁〕

（10）ルーセルが明かした「手法」は、次の三とおりに大別できる。Cf. Raymond Roussel, *Comment j'ai écrit certains de mes livres*, Jean-Jacques Pauvert, 1963.〔レーモン・ルーセル「私はいかにして或る種の本を書いたか」ミシェル・レリス『レーモン・ルーセル――無垢な人』所収、岡谷公二訳、ペヨトル工房、一九九一年〕

手法一　：　一字を除いてほぼ同じ綴りの単語を選び、それに同綴異義の単語を付け加える

Les lettres du blanc sur les bandes du vieux *b*illard
古びたビリヤード台のクッションに記された白い文字
→Les lettres du blanc sur les bandes du vieux *p*illard
老いた盗賊の一味についての白人の手紙
（『つまはじき』『黒人たちのなかで』など）

手法二（拡大した手法）　…　多義的な二つの単語を前置詞 à で繋ぐ

queue à chiffre 頭文字の書かれたキュー
bandes à reprises 繕われたクッション
→queue à chiffre 数字が付された引き裾
bandes à reprises リフレインを歌う戦士団
（『アフリカの印象』など）

手法三（発展した手法）　…　任意の一文を別様に分節する

J'ai du bon tabac dans ma tabatière
私は美味いタバコをタバコ入れに持っている
→Jade tube onde aubade en mat à basse tierce
硬玉、管、噴水、朝の歌、艶消しの、下三度で

（『アフリカの印象』『ロクス・ソルス』など）

フーコーは『レーモン・ルーセル』の第二章では「手法一」、第三章では「手法二」と「手法三」を論じている。

（11）*RR*, p. 22.〔『レーモン・ルーセル』、一九頁〕

（12）*Ibid*., p. 23.〔同書、同頁〕

（13）*Ibid*., p. 26-27.〔同書、二三頁〕

（14）*Ibid*., p. 40.〔同書、三八頁〕

（15）Jean-François Favreau, *op. cit*. また『レーモン・ルーセル』の日本語訳者豊崎光一も、「訳者あとがき」のなかでこの点を示唆している。（『レーモン・ルーセル』、二五七頁）

（16）とはいえ、次項で取り上げる『レーモン・ルーセル』第八章での対話形式などは、ブランショを彷彿とさせるものである。フーコーにおける文体的「模倣」という問題については、別途検討を必要としている。しかし、『レーモン・ルーセル』でフーコーが行っているような、テクストの全体構造におよぶルーセルの「模倣」を、他の文学者を論じたテクストには見て取ることは難しい。

（17）*RR*, p. 85.〔同書、八九頁〕

（18）*DEI*, p. 463.〔「J＝P・リシャールのマラルメ」『ミシェル・フーコー思考集成Ⅱ』所収、二一六頁〕

（19）*Ibid*., p. 215.〔「ルソーの『対話』への序文」『ミシェル・フーコー思考集成Ⅰ』所収、増田真訳、二三二頁〕

（20）*Ibid*., p. 216.〔同書、二三四頁〕

（21）*RR*, p. 195.〔『レーモン・ルーセル』、二一七頁〕

（22）*Ibid*., p. 195-196.〔同書、二一七―二一八頁〕

（23）*Ibid*., p. 210.〔同書、二三三頁〕

（24）なおフランソワ・カラデックは、『アフリカの印象（*Impressions d'Afrique*）』というタイトルは「自費出版（impression à fric）」という言葉との「手法」的な掛詞であるという解釈を示している。〔フランソワ・カラデック『レーモン・ルーセルの生涯』北山研二訳、リブロポート、一九八九年、八八頁〕

（25）*RR*, p. 45.〔『レーモン・ルーセル』、四三―四四頁〕

（26）*AS*, p. 40.〔『知の考古学』、四〇頁〕

（27）*RR*, p. 17.〔『レーモン・ルーセル』、一三頁〕

（28）*Ibid*., p. 207.〔同書、二二九頁〕

（29）*DEI*, p. 451.〔「なぜレーモン・ルーセルの作品が再刊されるのか」『ミシェル・フーコー思考集成Ⅱ』所収、鈴木雅雄訳、一九九頁〕

（30）*DEII*, p. 1426.〔「ある情念のアルケオロジー」『ミシェル・フーコー思考集成Ⅹ』所収、六六頁〕

（31）その一例として、本章でも言及した晩年の対談「ある情念のアルケオロジー」において、ルーセルは自己の「生」を変容させる「経験」の体現者として言及されることになる。本書第七章ではこの点について考察する。

第二部緒言

（1）*DEI*, p. 1280.〔「アルケオロジーからディナスティックへ」『ミシェル・フーコー思考集成Ⅳ』所収、蓮實重彦訳、筑摩書房、一九九九年、四一〇―四一一頁〕

（2）*GE*, p. 16-19.〔『フーコー文学講義』、一七―二〇頁〕

（3）*VS*, p. 206.〔ミシェル・フーコー『知への意志』渡辺守章訳、新潮社、一九八六年、一九九頁〕

（4）Robert Nichols, *The world of freedom: Heidegger, Foucault, and the politics of historical ontology*, Stanford University Press, 2014, p. 133-134.

（5）箱田徹『フーコーの闘争――「統治する主体」の誕生』慶應義塾大学出版会、二〇一三年、二二二頁。
（6）同書、同頁。
（7）Michel Foucault, « About the beginning of the hermeneutics of the self : two lectures at Dartmouth », dans *Political Theory*, vol. 21, no. 2, Sage Publications, 1993, p. 203-204.
（8）*DEI*, p. 1280.〔「アルケオロジーからディナスティックへ」『ミシェル・フーコー思考集成Ⅳ』所収、四一一頁〕
（9）*Herculine Barbin dite Alexina B.*, présenté par Michel Foucault, Gallimard, 1978.
（10）*Moi, Pierre Rivière, ayant égorgé ma mère, ma sœur et mon frère-- : un cas de parricide au XIX*^{e} *siècle*, présenté par Michel Foucault, Gallimard, 1973.〔ミシェル・フーコー編著『ピエール・リヴィエール――殺人・狂気・エクリチュール』慎改康之・柵瀬宏平・千條真知子・八幡恵一訳、河出文庫、二〇一〇年〕
（11）*Le Désordre des familles : lettres de cachet des Archives de la Bastille au XVIII*^{e} *siècle*, présenté par Arlette Farge et Michel Foucault, Gallimard/Julliard, 1982.
（12）『監獄の誕生』においてこれらの作家や作品が登場する箇所は次のとおり。カッコ内はMichel Foucault, *Surveiller et punir*, Gallimard, 1975. および翻訳書（『監獄の誕生――監視と処罰』田村俶訳、新潮社、一九七七年）のページ数を表している。ガボリオー（p. 72.／七〇頁）、ド・クィンシーの『殺人の芸術的考察』（p. 290.／二八二頁）、ウジェーヌ・シューの『パリの秘密』（p. 292.／二八三頁）、モーリス・ルブランのアルセーヌ・ルパン物語（p. 292.／二八三頁）。
（13）Michel Foucault et Roger-Pol Droit, *Entretiens*, p. 79.〔「哲学を厄介払いする――文学について、これまでの軌跡について」『わたしは花火師です――フーコーは語る』所収、五八頁〕
（14）*DEI*, p. 1602.〔「エクリチュールの祭典」『ミシェル・フーコー思考集成Ⅴ』所収、中澤信一訳、筑摩書房、一九九九年、三四六頁〕

（15）「汚辱に塗れた人々の生」を直接の対象とした先行研究としては以下のものがある。Rémi Rouge, « Foucault et les politiques du récit : les traces de l'infâme », dans *Encyclo. Revue de l'école doctorale Sciences des Sociétés ED 624*, vol. 7, Université de Paris, 2015, p. 45-63. 大貫恵佳「「汚辱に塗れた人々の生」をめぐって」『早稲田大学大学院文学研究科紀要』第一分冊、五二巻、二〇〇七年、五九―六七頁。田中寛一「ミシェル・フーコーによる封印状の歴史」『天理大学学報』第二号、第五七巻、二〇〇六年、五九―七二頁。上田和彦、前掲論文。しかし、上田論文を例外として、いずれの研究においても、このテクストが「文学」について語ったものであるという点については考察が行われていない。また上田論文はあくまで「文学」から離脱してゆくフーコーの軌跡を辿る一貫として「汚辱に塗れた人々の生」に言及するに留まっている。

第五章

（1）以上の「封印状」に関する記述は、田中、前掲論文、五九―六〇頁の記述に基づいている。

（2）*DEII*, p. 1170-1171.〔「封印状の黄金時代」『ミシェル・フーコー思考集成IX』所収、佐藤嘉幸訳、筑摩書房、二〇〇一年、一八四頁〕

（3）*Ibid.*, p. 237-238.〔「汚辱に塗れた人々の生」『ミシェル・フーコー思考集成VI』所収、丹生谷貴志訳、筑摩書房、二〇〇〇年、三一五頁〕

（4）*Ibid.*, p. 238.〔同書、三一五―三一六頁〕

（5）*Ibid.*, p. 237.〔同書、三一四―三一五頁〕

（6）*Idem.*〔同書、三一五頁〕

（7）*Ibid.*, p. 239.〔同書、三一八頁〕

（8）*Ibid.*, p. 243.〔同書、三二二頁〕

（9）フーコーの思想的変遷のなかで、いかにサド像が肯定的なものから否定的なものに変わっていったかという点については、エリック・マルティが詳らかにしている。Voir Éric Marty, *Pourquoi le XXe siècle a-t-il pris Sade au sérieux?*, Seuil, 2011.〔エリック・マルティ『サドと二十世紀』森井良訳、水声社、二〇一九年〕七〇年代フーコーのサドに対する評価の反転を示す最も顕著な例として、一九七五年の対談「サド、性の法務官」がある。そこでフーコーは、サドに対して「学監、性の法務官、尻やそれに類するものの公認会計士」であると、否定的な言辞を連ねている。(*DEI*, p. 1690.〔「サド、性の法務官」『ミシェル・フーコー思考集成Ⅵ』所収、中澤信一訳、四七〇頁〕)

(10) *DEII*, p. 240.〔「汚辱に塗れた人々の生」『ミシェル・フーコー思考集成Ⅵ』所収、三一九頁〕

(11) *Ibid.*, p. 240-241.〔同書、三一九頁〕

(12) *Ibid.*, p. 245.〔同書、三二五頁〕

(13) *Idem.*〔同書、同頁〕

(14) *Idem.*〔同書、同頁〕

(15) *Ibid.*, p. 248.〔同書、三三〇頁〕

(16) *Ibid.*, p. 250.〔同書、三三一―三三二頁〕

(17) *Ibid.*, p. 251.〔同書、三三三頁〕

(18) *Idem.*〔同書、同頁〕

(19) *Ibid.*, p. 251-252.〔同書、三三三―三三四頁〕

(20) *Ibid.*, p. 252.〔同書、三三四頁〕

(21) *Idem.*〔同書、同頁〕

(22) *Idem.*〔同書、三三五頁〕

(23) *Idem.*〔同書、同頁〕

(24) Charles Batteux, *Les beaux arts réduits à un même principe*, Durand, 1746.〔Ch. バトゥー『芸術論』山県熙訳、玉

川大学出版部、一九八四年〕

（25）*DEII*, p. 252-253.〔「汚辱に塗れた人々の生」『ミシェル・フーコー思考集成VI』所収、三三五頁〕

（26）*DEI*, p. 547.〔「外の思考」『ミシェル・フーコー思考集成II』所収、三三六頁〕

（27）*DEII*, p. 547.〔「規範の社会的拡大」『ミシェル・フーコー思考集成VI』所収、原和之訳、九四頁〕

（28）Judith Revel, « La naissance littéraire de la biopolitique » dans *Michel Foucault, la littérature et les arts*, Édition Kimé, 2004, p. 55.

（29）権力に内在しつつ権力に抗うものとして再定義された「汚辱に塗れた人々の生」における「文学」の立場について、武田宙也はコレージュ・ド・フランスでの一九七七年から七八年にわたる講義「安全・領土・人口」で展開された「教導（conduit）」と「反‐教導（contre-conduit）」の議論を参照しながら、「反‐教導としての文学」と呼称している。（武田宙也、前掲書、一二三〇―一二三七頁）

（30）こうした転回以前のフーコーを如実に示す六〇年代のテクストとして、講演「文学と言語」が挙げられる。（*GE*, p. 71-144.〔『フーコー文学講義』、八九―一六四頁〕）一九六四年に行われたこの講演のなかで、フーコーは「文学」「言語」「作品」が織りなす三角形という観点から「文学の誕生」を論じている。しかし、そこでは「権力」「生」という「汚辱に塗れた人々の生」において「文学の誕生」と関連付けられた主題は、全く問題となっていない。

（31）*DEII*, p. 253.〔「汚辱に塗れた人々の生」『ミシェル・フーコー思考集成VI』所収、三三五―三三六頁〕

（32）一例として、『監獄の誕生』第一部第二章で、ガボリオー以降の探偵小説について触れた箇所が挙げられる。フーコーはこの章で、フランス君主制下において行われていた「身体刑」が、一八世紀後半から一九世紀にかけて批判の対象となっていく過程を素描している。こうした過程は、フーコーが続けて本書のなかで中心的に論じることになるように「権力」関係の変容とかかわっているが、フーコーは探偵小説をこうした過程のなかで誕生したものと位置づけている。（*SP*, p. 72.〔『監獄の誕生』、七〇―七一頁〕）

（33）*DEII*, p. 262.〔「性の王権に抗して」『ミシェル・フーコー思考集成VI』所収、慎改康之訳、三五一―三五二頁〕

第六章

（1）フーコーと「演劇」との関係をめぐる先行研究は必ずしも多くはないが、そのなかでも重要なものにアリアンナ・スフォルツィーニの博士論文「真理の舞台――ミシェル・フーコーと演劇」がある。この論文は初期フーコーにおける「悲劇的なもの」についての議論から晩年のコレージュ・ド・フランス講義に至るまで網羅された記念碑的なものである。

しかし、そこで論じられる「演劇」あるいは「演劇性」は非常に広い意味で理解されたものであり、それゆえ文学ジャンルとしての「演劇」それ自体について六〇年代のフーコーが稀にしか論じていないことや、時として「演劇」に対して批判的な言辞を弄してすらいるという単純な事実については盲点となっている。本章はこれらの点に重点を置いたものである。Voir Arianna Sforzini, *Scènes de la vérité : Michel Foucault et le théâtre*, Université Paris-Est, 2015.

（2）フーコーはこの箇所で、ルーセルの演劇作品とそれ以外の作品との間には奇妙な関係があると考察している。というのも、ルーセルの演劇は「迷宮」という非‐演劇的な構造によって支えられているのに対して、演劇以外の作品には仮装や俳優、芝居といった「変身」にかかわる演劇的な形象がしばしば登場するからである。フーコーはこうしたルーセルの作品における「変身」と「迷宮」の交錯を、「手法」によって切り開かれた言語空間のうちで捉えられた特殊な形象とみなしている。Voir *RR*, p. 122-123.〔『レーモン・ルーセル』、一二九―一三〇頁〕

（3）Michel Foucault, « La littérature et la folie », dans *FLL*, p. 89-109.〔『狂気・言語・文学』、一一一―一四一頁〕

（4）*GE*, p. 27-28.〔「狂人たちの沈黙」『フーコー文学講義』所収、三〇頁〕

（5）*Ibid.*, p. 29.〔同書、三一頁〕

（6）一九六四年の講演「文学と言語」第一回では、「狂人たちの沈黙」とは別の角度から「演劇」に対する批判的言及が行われている。フーコーによれば、我々にとっての「文学」が誕生したのは、「修辞学」において問題となっていた神の始原的言語が、一九世紀以降口を噤んだことによっている。マラルメの「書物」はこうした事態をあわらす形象である。フーコーはこの「書物」に対して、古典主義時代における「演劇」を対置する。というのも「演劇」は、既成の言語を再現前化（représenter）するものだからである。フーコーはそれゆえ、「一九世紀以降、厳密な意味での文学の本質は、演劇のうちにではなく書物のうちに見出される」と述べている。（*GE*, p. 102-103.〔『フーコー文学講義』、一二三頁〕）

（7）『意味の論理学』第二一セリー「出来事について」、および第二三セリー「アイオーンについて」を参照のこと。Voir Gilles Deleuze, *Logique du sens*, Les Éditions de minuit, 1969, p. 174-179. および p. 190-197.〔ジル・ドゥルーズ『意味の論理学』岡田弘・宇波彰訳、法政大学出版局、一九八七年、一八七―一九三頁および二〇四―二一二頁〕

（8）*DEI*, p. 951.〔「劇場としての哲学」『ミシェル・フーコー思考集成Ⅲ』所収、蓮實重彦訳、四〇六―四〇七頁〕

（9）*Ibid.*, p. 967.〔同書、四二八頁〕

（10）*DEII*, p. 574.〔「哲学の舞台」『ミシェル・フーコー思考集成Ⅶ』所収、筑摩書房、二〇〇〇年、一六〇―一六一頁〕

（11）*Ibid.*, p. 572.〔同書、一五八頁〕

（12）*Ibid.*, p. 84.〔「犯罪としての知識」『ミシェル・フーコー思考集成Ⅵ』所収、一〇五頁〕

（13）*DEII*, p. 1057.〔「主体と権力」『ミシェル・フーコー思考集成Ⅸ』所収、渥海和久訳、二六頁〕

（14）*Le Courage de la vérité : cours au Collège de France (1983-1984)*, Seuil/Gallimard, p. 10.〔『真理の勇気――コレー

ジュ・ド・フランス講義 1983-1984年度』慎改康之訳、筑摩書房、二〇一二年、一二頁〕

（15）*DEIV*, p. 1561-1562.〔「ミシェル・フーコー、インタヴュー――性、権力、同一性の政治」『ミシェル・フーコー思考集成Ⅹ』所収、西兼志訳、二六四―二六五頁〕

（16）武田宙也、前掲書、九八―九九頁。

（17）*VS*, p. 207-208.〔『知への意志』、一九九頁〕

第七章

（1）*DEII*, p. 863.〔「ミシェル・フーコーとの対話」『ミシェル・フーコー思考集成Ⅷ』所収、一九七頁〕

（2）*Ibid.*, p. 859.〔「フーコー、国家理性を問う」『ミシェル・フーコー思考集成Ⅷ』所収、坂本佳子訳、一九一―一九二頁〕

（3）*DEI*, p. 619.〔「歴史の書き方について」『ミシェル・フーコー思考集成Ⅱ』所収、石田英敬訳、四三九頁〕

（4）フーコーと「フィクション」の関係についての先行研究には、次のものがある。Timothy Rayner, « Between fiction and reflection: Foucault and the experience-book », dans *Continental Philosophy Review*, vol. 36, no. 1, 2003, p. 27-43. 長野聡一「フーコーにおけるフィクションの問題――「語り」と現れ」『文化交流研究』第一二号、筑波大学文化交流研究会編、二〇一七年、三七―五一頁。坂本尚志「想像的なものから美的なものへ――ミシェル・フーコーにおけるフィクション」『思想』第一一五八号、岩波書店、二〇二〇年、五九―七四頁。市田良彦、前掲書、第三章「フィクション、真理、主体」、一一五―一六九頁。

ライナーの論文においては、「書物‐経験」という視点が論じられ、後期フーコーにおける「書物‐経験」と「フィクション」の結びつきが論じられている点で示唆的であり、本章後半においても参照の対象となっている。長野論文は文学論における「フィクション」における「現れ」に注目し、その観点から『知への意志』講義での「ノモス」論への連続性を探っている。坂本論文は、現象学からニーチェの影響を経て「パレーシア」についての考察へと向かうフーコーの歩みのなかに「フィクション」についての議論を位置づける野心的なものである。市田の著作では、「ファーブルの背後にあるもの」などの六〇年代文学論における「フィクション」の議論のみならず、晩年のインタビューでの「フィクション」をめぐる発言においても、「「フィクション」概念には存在論が賭けられていた」（前掲書、一四一頁）という点が強調されている。

　しかしいずれの論文においても、フーコーにおいて「フィクション」「文学」「エクリチュール」「生」という四者が織りなしている関係については十分な考察がなされているとはいいがたい。また「エクリチュール」「文学」「生」の関連については、武田宙也が詳細な考察を行っている。（武田、前掲書、第六章、二一九―二四二頁）しかし、そこでの議論は「フィクション」の問題とは切り離されて行われているという点で、本章の目的とは異なる。

（5）*DEI*, p. 613-615.〔「歴史の書き方について」『ミシェル・フーコー思考集成Ⅱ』所収、四三〇―四三二頁〕

（6）*Ibid.*, p. 618.〔同書、四三七頁〕

（7）*Ibid.*, p. 619.〔同書、四三八頁〕

（8）Laura Hengehold, « Neither seen nor said: Foucault's experiments in anonymity », dans *Bulletin de la Société Américaine de Philosophie de Langue Française*, vol. 15, no. 2, 2005, p. 28-47.

（9）*DEI*, p. 534.〔「物語の背後にあるもの」『ミシェル・フーコー思考集成Ⅱ』所収、竹内信夫訳、三一六頁〕なお、「ファーブル」と「フィクション」の区別という問題について、フーコーは『狂気・言語・文学』に収録された草稿「言語外のものと文学」のなかで、「レクシス」「レクトン」という二つの概念を追加した形で論じている。この点については、以下の先行研究が詳らかにしている。森本淳生「フーコー「文学論」の射程――一九七〇年のサド／フロベール講演をめぐって」『フーコー研究』所収、一四八―一六五頁。市田良彦、前掲書、一六二―一六九頁。

（10）*DEI*, p. 534-535.〔「物語の背後にあるもの」『ミシェル・フーコー思考集成Ⅱ』所収、三一七―三一八頁〕

（11）*Ibid.*, p. 535.〔同書、三一八頁〕

（12）*Ibid.*, p. 539.〔同書、三二四―三二五頁〕

（13）*Ibid.*, p. 540.〔同書、三二六頁〕

（14）*Ibid.*, p. 546.〔同書、三三五頁〕

（15）*Ibid.*, p. 552.〔同書、三四二―三四三頁〕

（16）*Ibid.*, p. 305.〔「隔たり・アスペクト・起源」『ミシェル・フーコー思考集成Ⅰ』所収、中野知律訳、三六三頁〕

（17）*Ibid.*, p. 308.〔同書、三六七頁〕

（18）*Ibid.*, p. 306.〔同書、三六四頁〕

（19）*Ibid.*, p. 548.〔「外の思考」、『ミシェル・フーコー思考集成Ⅱ』所収、三三七頁〕

（20）Michel Foucault, *Le Beau danger*, entretiens avec Claude Bonnefoy, EHESS, 2011, p. 36-37.

（21）Timothy O'leary, *Foucault and fiction : the experience book*, Continuum, 2009. Timothy Rayner, art. cit. Gary Gutting, « Foucault's philosophy of experience », dans *Boundary 2*, vol. 29, no. 2, 2002, p. 69-85.

（22）Timothy O'leary, *op. cit.*, p. 77-78.

（23）*DEII*, p. 860.〔「ミシェル・フーコーとの対話」『ミシェル・フーコー思考集成Ⅷ』所収、一九三頁〕

（24）*Ibid.*, p. 860-861.〔同書、一九四頁〕

（25）「主体化」の問題と「経験」および「生」の変容との関連については、武田宙也が一九八三年のテクスト「自己のエクリチュール」における「ヒュポムネーマタ」や「書簡」についての議論を介在させながら詳らかにしている。（武田宙也、前掲書、第六章、二二九―二四二頁）

（26）*DEII*, p. 864.〔「ミシェル・フーコーとの対話」『ミシェル・フーコー思考集成Ⅷ』所収、一九九頁〕

（27）*Ibid.*, p. 862.〔同書、一九五頁〕

（28）*Idem.*〔同書、一九六頁〕

（29）*Idem.*〔同書、同頁〕

（30）*DEII*, p. 1424.〔「ある情念のアルケオロジー」『ミシェル・フーコー思考集成X』所収、六三―六四頁〕

結論

（1）*GE*, p. 106-109.〔『フーコー文学講義』、一二七―一三〇頁〕

（2）「作家と行動」『一九四六・文学的考察』所収、加藤周一・中村眞一郎・福永武彦、冨山房百科文庫、一九八七年、一三九頁。なお、現代仮名表記に改めた。傍点は原著による。

あとがき

本書は京都大学大学院文学研究科に提出した博士論文「ミシェル・フーコーと文学」を元にした書物である。出版に際しては、京都大学大学院文学研究科の令和六年度「卓越した課程博士論文の出版助成制度」による助成を受けている。

本書の一部には、以下の論文に加筆・修正を加え、再構成したものが含まれる。その過程で原形を留めないまでに姿を変えた論文もあるが、これもまた書くことによる「自己変容」の証として、諒とせられたい。

「ミシェル・フーコーの文学論と真理の問題——小説から演劇へ」、『関西フランス語フランス文学』、日本フランス語フランス文学会関西支部、第二一号、二〇一五年、七五–八六頁。

「ミシェル・フーコーの文学論における言語の問題——書物、図書館、アルシーヴをめぐって」、『関西フランス語フランス文学』、日本フランス語フランス文学会関西支部、第二三号、二〇一七年、六三―七四頁。

「ミシェル・フーコーの文学論におけるフィクションの問題」、『フランス語フランス文学研究』、日本フランス語フランス文学会、第一一三号、二〇一八年、四六一―四七六頁。

「ミシェル・フーコーとマラルメ」、『フランス語フランス文学研究』、日本フランス語フランス文学会、第一一六号、二〇二〇年、八七―一〇二頁。

「フーコーはいかにしてレーモン・ルーセルを読んだか」、『フーコー研究』、岩波書店、二〇二一年、一六六―一八一頁。

「ミシェル・フーコーの翻訳論」、『フランス語フランス文学研究』、日本フランス語フランス文学会、第一二一号、二〇二二年、一〇三―一一七頁。

こうした成り立ちを背景にもつ本書は、所謂「博論本」に属する。率直に言って、筆者はある種の「博論本」の「あとがき」に対して、常々不信感を抱いている。そうした「博論本」において、どうやら「あとがき」とは、博論審査などでお世話になった指導教員の先生方から始めて、縁のある研究者、学友、そして父母や配偶者へと順繰りに心からの感謝の念を表明する、儀礼的な言説の場であるとみなされているようなのだ。

「感謝」がかくも猖獗を極めているのは、この種の博論本を別にすれば一部のＪＰＯＰの中だけなのではないか。そもそも「感謝」というものは、美々しい言葉として書物の一隅に書きつければ事足りるものではなく、感謝している相手に直接、身口意の三業をもって（もはや会うことの叶わぬ相手に対しては、祈りをもって）示すべきである。それが心からのものであるなら猶更である。「巧言令色鮮し仁」と、かの古代の聖賢も宣っているではないか。

それは感謝の受け手に対して不仁なる行いであるだけではない。いかに途上で優れた議論が開陳されているにせよ、こうした空言で巻を終えることは、その価値を掉尾に至って自ら損なうという点で「書物」への敬意を欠く態度である。またそれは、見ず知らずの人物に対する感謝の儀礼に付き合わされる読者にとっても、無益な退屈を強いることである。これは筆者の求めるところではない。

とはいえ、本書も「書物」である以上、本書に「書物」としての形を与え、世に送り出してくれた諸氏には、「あとがき」というまさにこの場において感謝の念を伝えるのが筋であり、それを欠くのもまた仁に悖ることになろう。青土社の山口岳大氏には、企画会議から出版に至るまで、多大な協力を賜った。山口氏をはじめとする青土社の方々、デザイン、印刷、流通、販売、英文要約の翻訳を担当頂いたすべての方々、ならびに京都大学大学院文学研究科の出版助成関連部局の方々に、心より篤く御礼申し上げたい。本書が「書物」たりえているとすれば、それは挙げてあなたがたのお陰である。

さて、後は何を書くべきだろうか。やはりある種の「博論本」がそうであるように、博論執筆過程での苦労話や心温まる思い出話でも縷々述べようか？　しかし、筆者にそのつもりはない。

何にもましてそのような書き手にとってのみ心地よい安全な自分語り、いささかも「自己変容」を引き起こさないような自分語りは、「もはや顔を持たない」ために生涯を賭して書き続け、「私が誰であるかなど訊かないでください」と読者に訴えていた、この書物の主人公——ミシェル・フーコーへの裏切りとなるだろうからだ。ゆえに、本書を読み終えた読者諸賢の叱正を希いつつ、ここで筆を擱くとする。

著者しるす

Michel Foucault - Literature as self-transformations

Hideki Shibata

This book mainly focuses on Michel Foucault's literary theories. Foucault actively published his literary theories primarily in the 1960s. He publicly mentioned his disappointment toward literature in the 1970s and after, and it appears that he started avoiding referring to literature ever since. This book explores Foucault's withdrawal from literature and demonstrates that, even then, he did not lose complete interest in literature until his later years. He reattempted new approaches to literature, such as "power" and "self-transformation," in the 70s and later, which were different perspectives from those of 60s.

Part 1 of the book covers Foucault's texts from the 60s. In Chapter 1, we particularly noted two privileged figures: "books" and "libraries" in Foucault's literary theories from the 60s and followed their eventual replacement by one figure, "archives." This elucidates the conflict between "spatiality" in literary language and "temporality" in archives, and follows the trajectory of Foucault's withdrawal from "literature" toward the late 60s.

In Chapter 2, as a concrete privileged example of this trajectory, we focused on the transformation of Stéphane Mallarmé's image in his literary theory of the 60s. For Foucault, Mallarmé was a literary figure who embodied the essence of "literature" and could be compared with Nietzsche in philosophy; however, Mallarmé, along with Foucault's withdrawal from "literature," was rarely spoken about. Tracking such a process revealed that Mallarmé was a "mirror"-like presence that reflected Foucault's interests in the 60s, when he was fascinated by "languages."

After the overview of Foucault's literary theories of the 60s in Chapters 1 and 2, we focused in Chapter 3 on his only writing, "Les mots qui saignent" (The words that bleed), wherein he explicitly discussed the main theme of "translation." This text is read together with "The prose of Actaeon," another writing discussing Klossowski, to perceive the continuity of the main themes of "invasion," "origin," "simulacre," and "death," which frequently appear in Foucault's literary theories.

In Chapter 4, we formally evaluated the "approach to écriture," developed by Foucault in his "Death and the Labyrinth: The World of Raymond Roussel." This work was "exceptional" in that it was written in "circle," the very format used by Roussel, and it was also "personal" because Foucault's "me" as the writer of this text was imprinted on it like a trace.

Part 2 of the book focuses on the relationship between "literature" and Foucault in the 70s and later. First, it is indicated that "nameless discourse" and "day-to-day parole," which deviated from "institutional écriture," appeared in the texts written by Foucault in the 70s and later, as if replacing Mallarmé and Klossowski, despite his statements about withdrawal from "literature."

Based on these assumptions, Chapter 5 covered "Discipline and Punish" as a text demonstrating the changing relationship between "literature" and Foucault in the 70s and later, and reveals that, in this period, Foucault started discussing literature based on the problem structure, "power and life." This is what prompted Foucault not to abandon "literature" altogether 70s onward.

In Chapter 6, as another sign indicating his changing relationship with "literature" in the 1970s and beyond, we focused on how the literature genre of "theater" gradually started gaining importance for Foucault. We pointed out that Foucault's main theme, "theater," occupied a unique position elucidating his interest in "literature" at that time.

In Chapter 7, we attempted to explore Foucault's argument about "fiction" to discover further evidence that "literature" still remained with him through and beyond the 70s. Based on the above, Foucault's remarks regarding "self-transformation" through écriture revealed that he had connected "fiction," "écriture," and "literature" with "life," as a common denominator in his later years, unlike in the 60s, when he associated "literature" with "death."

As we discuss in this book, Foucault did not completely abandon his mask as a "literary critic" in the 70s and beyond. He continued the process of constant self-transformation, and kept changing his definition of "literature," which was the subject of his thought, and kept pondering "together" with literature. You may be able to discover Foucault as a "literary critic" and the essence of his literary theories through this book.

人名索引

Allan） 66
ポーラン、ジャン（Paulhan, Jean） 71
ボシュエ、ジャック゠ベニーニュ（Bossuet, Jacques-Bénigne） 147
ポット゠ボンヌヴィル、マチュー（Potte-Bonneville, Mathieu） 21, 123
ボルヘス、ホルヘ・ルイス（Borges, Jorge Luis） 15, 32, 37, 41, 46, 116
ボンヌフォワ、クロード（Bonnefoy, Claude） 194, 195

マ行

マシュレ、ピエール（Macherey, Pierre） 20, 205, 230, 231
マネ、エドゥアール（Manet, Édouard） 42, 43
マラルメ、ステファヌ（Mallarmé, Stéphane） 22-24, 29, 32, 40, 41, 46, 47, 49-52, 54-59, 61-69, 80, 105, 115, 116, 119, 128, 138, 143, 156, 157, 163, 179, 204, 208, 209, 225-227, 240
マルシャル、ベルトラン（Marchal, Bertrand） 63
マルティ、エリック（Marty, Éric） 237
ミラン、マチュラン（Milan, Mathurin） 137
メショニック、アンリ（Meschonnic, Henri） 62
モーパッサン、ギ・ド（Maupassant, Guy de） 158, 159

ラ行

ライナー、ティモシー（Rayner, Timothy） 196, 241
ラシーヌ、ジャン（Racine, Jean） 147
ラスネール、ピエール・フランソワ（Lacenaire, Pierre François） 143
ラビノウ、ポール（Rabinow, Paul） 18
ラポルト、ロジェ（Laporte, Roger） 36
リヴィエール、ピエール（Rivière, Pierre） 128
リオタ、ダニエル（Liotta, Daniel） 31
リシャール、ジャン゠ピエール（Richard, Jean-Pierre） 57, 67, 68, 70, 105, 106
ルアズ、チャールズ（Ruas, Charles） 91, 94, 95, 116
ルヴェル、ジュディット（Revel, Judith） 19-21, 31, 72, 73, 123, 157, 222
ルーセ、ジャン（Rousset, Jean） 70
ルーセル、レーモン（Roussel, Raymond） 9, 15-17, 22, 24, 26, 36, 41, 72, 90-93, 96, 98-105, 107, 109-119, 132, 143, 157, 163, 167, 168, 184, 201-204, 208, 209, 211, 231, 233, 234, 239
ル・クレジオ、ジャン゠マリ・ギュスターヴ（Le Clézio, Jean-Marie Gustave） 36
ルソー、ジャン゠ジャック（Rousseeau, Jean-Jacques） 15, 28, 108, 109
ルブラン、モーリス（Leblanc, Maurice） 129, 235

ワ行

文献一覧

フーコーの著作・講義

Histoire de la folie à l'âge classique, Gallimard, 1961.〔『狂気の歴史——古典主義時代における』田村俶訳、新潮社、1975 年〕

Naissance de la clinique, Presses Universitaires de France, 1963.〔『臨床医学の誕生』神谷美恵子訳、みすず書房、1969 年〕

Raymond Roussel, Gallimard, 1963.〔『レーモン・ルーセル』豊崎光一訳、法政大学出版局、1975 年〕

Les Mots et les choses, Gallimard, 1966.〔『言葉と物——人文科学の考古学』渡辺一民・佐々木明訳、新潮社、1974 年〕

L'Archéologie du savoir, Gallimard, 1969.〔『知の考古学』慎改康之訳、河出文庫、2012 年〕

Surveiller et punir : naissance de la prison, Gallimard, 1975.〔『監獄の誕生——監視と処罰』田村俶訳、新潮社、1977 年〕

La Volonté de savoir, Gallimard, 1976.〔『知への意志』渡辺守章訳、新潮社、1986 年〕

Dits et écrits, 1954-1988, 2 tomes, Gallimard, 2001.〔『ミシェル・フーコー思考集成』小林康夫・石田英敬・松浦寿輝編集、全 10 巻、筑摩書房、1998-2002 年〕

Le Courage de la vérité : cours au Collège de France (1983-1984), Seuil, 2009.〔『真理の勇気——コレージュ・ド・フランス講義 1983-1984 年度』慎改康之訳、筑摩書房、2012 年〕

Leçons sur la volonté de savoir : cours au Collège de France, 1970-1971, suivi de Le savoir d'Œdipe, Gallimard, 2011.〔『〈知への意志〉講義——コレージュ・ド・フランス講義 1970-1971 年度』慎改康之・藤山真訳、筑摩書房、2014 年〕

La Grande étrangère : à propos de littérature, EHESS, 2013.〔『フーコー文学講義——大いなる異邦のもの』柵瀬宏平訳、ちくま学芸文庫、2001 年〕

Les Aveux de la chair, Gallimard, 2018.〔『肉の告白』慎改康之訳、新潮社、2020 年〕

Folie, langage, littérature, Vrin, 2019.〔『狂気・言語・文学』阿部崇・福田美雪訳、法政大学出版局、2022 年〕

フーコーのその他の編著・講演・論文・対談

FARGE (Arlette) et FOUCAULT (Michel) (présentation), *Le Désordre des familles : lettres de cachet des Archives de la Bastille au XVIIIe siècle*, Gallimard/Julliard, 1982.

FOUCAULT (Michel), « About the beginning of the hermeneutics of the self : two lectures at Dartmouth », dans *Political Theory*, vol. 21, no. 2, Sage Publications, 1993, p. 198-227.

FOUCAULT (Michel) et DROIT (Roger-Pol), *Entretiens*, Odile Jacob, 2004.〔『わたしは花火師です――フーコーは語る』中山元訳、ちくま学芸文庫、2008 年〕

FOUCAULT (Michel) et BONNEFOY (Claude), *Le Beau danger*, EHESS, 2011.

FOUCAULT (Michel) (présentation), *Herculine Barbin dite Alexina B.*, Gallimard, 1978.

FOUCAULT (Michel) (présentation), *Moi, Pierre Rivière, ayant égorgé ma mère, ma sœur et mon frère -- : un cas de parricide au XIXe siècle*, Gallimard, 1973.〔『ピエール・リヴィエール――殺人・狂気・エクリチュール』慎改康之・柵瀬宏平・千條真知子・八幡恵一訳、河出文庫、2010 年〕

フーコーについての著作

ARTIERES (Philippe) et al. (éds.), *Michel Foucault*, Édition de l'Herne, 2011.

—— (dir.), *Michel Foucault, la littérature et les arts : actes du colloque de Cerisy-Juin 2001*, Édition Kimé, 2004.

ASSOCIATION POUR LE CENTRE MICHEL FOUCAULT, *Michel Foucault philosophe : rencontre internationale, Paris, 9, 10, 11 janvier 1988*, Seuil, 1989.

DELEUZE (Gilles), *Foucault*, Édition de Minuit, 1986.〔ジル・ドゥルーズ『フーコー』宇野邦一訳、河出書房新社、1987 年〕

DREYFUS (Hubert L.) and RABINOW (Paul), *Michel Foucault : beyond structuralism and hermeneutics*, Harvester, 1982.〔ヒューバート・L・ドレイファス、ポール・ラビノウ『ミシェル・フーコー――構造主義と解釈学を超えて』山形頼洋ほか訳、筑摩書房、1996 年〕

DURING (Simon), *Foucault and literature: toward a genealogy of writing*, Routledge, 1992.

FAVREAU (Jean-François), *Vertige de l'écriture : Michel Foucault et la littérature (1954-1970)*, ENS Éditions, 2012.

GARTRELL (Michael), *Foucault e Mallarmé : o espessamento da linguagem*, Universidade de São Paulo, 2016.

HAN (Béatrice), *L'Ontologie manquée de Michel Foucault : entre l'historique et le*

transcendental, J. Millon, 1998
MACHEREY (Pierre), *À quoi pense la littérature : exercices de philosophie littéraire*, Presses universitaires de France, 1990.〔ピエール・マシュレ『文学生産の哲学』小倉康誠訳、藤原書店、1994 年〕
MARTY (Éric), *Pourquoi le XXe siècle a-t-il pris Sade au sérieux?*, Seuil, 2011.〔エリック・マルティ『サドと二十世紀』森井良訳、水声社、2019 年〕
NICHOLS (Robert), *The world of freedom: Heidegger, Foucault, and the politics of historical ontology*, Stanford University Press, 2014.
O'LEARY (Timothy), *Foucault and fiction : the experience book*, Continuum, 2009.
REVEL (Judith), *Foucault, une pensée du discontinu,* Mille et une nuits, 2010.
SABOT (Philippe), *Philosophie et littérature*, Presses Universitaires de France, 2002.
SFORZINI (Philippe), *Scènes de la vérité : Michel Foucault et le théâtre*, Université Paris-Est, 2015.
相澤伸依ほか『狂い咲く、フーコー——京都大学人文科学研究所　人文研アカデミー『フーコー研究』出版記念シンポジウム全記録＋（プラス）』読書人新書、2021 年
阿部崇『ミシェル・フーコー、経験としての哲学——方法と主体の問いをめぐって』法政大学出版局、2017 年
市田良彦『フーコーの〈哲学〉——真理の政治史へ』岩波書店、2023 年
小泉義之・立木康介編『フーコー研究』岩波書店、2021 年
武田宙也『フーコーの美学——生と芸術のあいだで』人文書院、2014 年
箱田徹『フーコーの闘争——「統治する主体」の誕生』慶應義塾大学出版会、2013 年

フーコーについての論文

GUTTING (Gary), « Foucault's philosophy of experience », dans *Boundary 2*, vol. 29, no. 2, 2002, p. 69-85.
HENGEHOLD (Laura), « Neither seen nor said: Foucault's experiments in anonymity », dans *Bulletin de la Société Américaine de Philosophie de Langue Française*, vol. 15, no. 2, 2005, p. 28-47.
LIOTTA (Daniel), « Une nouvelle positivité Michel Foucault : de la littérature au militantisme », dans *Archives de philosophie*, vol. 73, no. 3, p. 485-509.
RAYNER (Timothy), « Between fiction and reflection: Foucault and the experience-

book », dans *Continental Philosophy Review*, vol. 36, no. 1, 2003, p. 27-43.
ROUGE (Rémi), « Foucault et les politiques du récit : les traces de l'infâme »、dans *Encyclo. Revue de l'école doctorale Sciences des Sociétés ED 624*, vol. 7, Université de Paris, 2015.
SLUGA (Hans), « Foucault's encounter with Heidegger and Nietzsche », dans *The Cambridge companion to Foucault*, Cambridge University Press, 2005, p. 224-225.
大貫恵佳「「汚辱に塗れた人々の生」をめぐって」『早稲田大学大学院文学研究科紀要』第 1 分冊、52 巻、2007 年、59-67 頁。
坂本尚志「創造的なものから美的なものへ――ミシェル・フーコーにおけるフィクション」『思想』第 1158 号、岩波書店、2020 年、59-74 頁。
慎改康之「不可視なる可視――『レーモン・ルーセル』と考古学」『言語文化論集』第 55 号、2001 年、33-55 頁。
田中寛一「ミシェル・フーコーによる封印状の歴史」『天理大学学報』第 2 号、第 57 巻、2006 年、59-72 頁。
長野聡一「フーコーにおけるフィクションの問題――「語り」と現れ」『文化交流研究』第 12 号、筑波大学文化交流研究会編、2017 年、37-51 頁。

その他の著作

BATTEUX (Charles), *Les beaux arts reduits à un même principe*, Durand, 1746.〔Ch. バトゥー『芸術論』山県熙訳、玉川大学出版部、1984 年〕
BERMAN (Antoine), *La traduction et la lettre, ou, L'auberge du lointain*, Seuil, 1999.〔アントワーヌ・ベルマン『翻訳の倫理学――彼方のものを迎える文字』藤田省一訳、晃洋書房、2014 年〕
BLANCHOT (Maurice), *La Part de feu*, Gallimard, 1949.〔モーリス・ブランショ『完本 焔の文学』重信常喜・橋口守人訳、紀伊国屋書店、1997 年〕
DELEUZE (Gilles), *Logique du sens*, Les Éditions de minuit, 1969.〔ジル・ドゥルーズ『意味の論理学』岡田弘・宇波彰訳、法政大学出版局、1987 年〕
HAMEL (Jean-François), *Camarade Mallarmé : une politique de la lecture*, Éditions de Minuit, 2014.
HILL (Leslie), *Bataille, Klossowski, Blanchot : writing at the limit*, Oxford University Press, 2001.
JENNY (Laurent) et PFERSMANN (Andreas) (éds.), *Traversées de Pierre Klossowski*, Droz, 1999.

KAUFMANN (Vincent) , *La Faute à Mallarmé : l'aventure de la théorie littéraire*, Seuil, 2011.

KLOSSOWSKI (Pierre), *Nietzsche et le cercle vicieux*, Mercure de France, 1969.〔ピエール・クロソウスキー『ニーチェと悪循環』兼子正勝訳、ちくま学芸文庫、2004年〕

——, *Le Bain de Diane*, Gallimard, 1980.〔ピエール・クロソウスキー『ディアーナの水浴』宮川淳・豊崎光一訳、風の薔薇、1988年〕

—— (trad.), *L'Énéide*, Gallimard, 1964.

——, *Les Lois de l'hospitalité*, Gallimard, 1995.〔ピエール・クロソウスキー『歓待の掟』若林真・永井旦訳、河出書房新社、1987年〕

——, *Un si funeste désir*, Gallimard, 1963.〔ピエール・クロソウスキー『かくも不吉な欲望』小島俊明訳、現代思潮社、1969年〕

ROUSSEL (Raymond), *Comment j'ai écrit certains de mes livres*, Jean-Jacques Pauvert, 1963.〔レーモン・ルーセル「私はいかにして或る種の本を書いたか」ミシェル・レリス『レーモン・ルーセル――無垢な人』所収、岡谷公二訳、ペヨトル工房、1991年〕

VIRGILE, *Œuvres,* tome III, Henri Goelzer (éd.), André Bellessort (trad.), Les Belles Lettres, 1925.

ウェルギリウス『アエネーイス』岡道夫・高橋宏幸訳、西洋古典叢書、京都大学学術出版会、2001年

大森晋輔『ピエール・クロソウスキー――伝達のドラマトゥルギー』左右社、2014年

加藤周一・中村眞一郎・福永武彦『一九四六・文学的考察』冨山房百科文庫、1987年

フランソワ・カラデック『レーモン・ルーセルの生涯』北山研二訳、リブロポート、1989年

その他の論文

CHAUVIN (Cédric), « Critique du sujet et traduction chez Pierre Klossowski », *Doletiana: revista de traducció, literatura i arts*, no. 1, 2007, p. 1-16.

DESSONS (Gérard), « Le Mallarmé des Sixties », dans *Europe*, vol. 76, no. 825, 1998, p. 64-77.

HART (Kevin), « Blanchot's Mallarmé », dans *Southerly*, vol. 68, no. 3, 2008, p. 135-158.

MESCHONNIC (Henri), « Oralité, clarté de Mallarmé », dans *Europe*, vol. 76, no. 825, 1998, p. 3-11.

立花史「ジャック・デリダのマラルメ――「二重の会」を中心に」『フランス語フランス文学研究』第 107 巻、2015 年、187-201 頁。

柴田秀樹（しばた・ひでき）
1987年広島県生まれ。京都大学大学院文学研究科文献文化学専攻博士後期課程修了。博士（文学）。専門はミシェル・フーコーを中心としたフランス文学・思想。現在、追手門学院大学、関西学院大学、京都大学、滋賀短期大学で非常勤講師を務める。主な論文に「ミシェル・フーコーとマラルメ」（『フランス語フランス文学研究』116号、2020年）、「フーコーはいかにしてレーモン・ルーセルを読んだか」（『フーコー研究』岩波書店、2021年）、「作家になりそこねた男」（『ユリイカ』2023年1月臨時増刊号）など。

ミシェル・フーコー　自《じ》己《こ》変容《へんよう》としての文学《ぶんがく》

2025年 2月 10日　第1刷印刷
2025年 2月 28日　第1刷発行

著　者　　柴田秀樹

発行者　　清水一人
発行所　　青土社
〒101-0051　東京都千代田区神田神保町 1-29　市瀬ビル
電話　03-3291-9831（編集）　03-3294-7829（営業）
振替　00190-7-192955

印刷・製本　シナノ印刷
組　版　　フレックスアート
装　幀　　水戸部 功

ISBN978-4-7917-7696-2　Printed in Japan